ALGORITMOS E LÓGICA DE PROGRAMAÇÃO

UM TEXTO INTRODUTÓRIO PARA A ENGENHARIA

Dados Internacionais de Catalogação na Publicação (CIP)

```
A396   Algoritmos e lógica de programação : um texto
       introdutório para a engenharia / Marco Antonio Furlan de
       Souza ... [et al.]. - 3. ed. - São Paulo, SP : Cengage,
       2023.
       304 p.: il. ; 23 cm.

       9. reimpr. da 3. edição de 2020.
       Inclui bibliografia e apêndice.
       ISBN 978-85-221-2814-3

           1. Algoritmos. 2. Lógica de programação. 3. Progra-
       mação (Computadores). 4. Estruturas de dados (Computa-
       ção). I. Souza, Marco Antonio Furlan.

                                               CDU 004.421
                                               CDD 005.1
```

Índice para catálogo sistemático:
1. Algoritmos   004.421

(Bibliotecária responsável: Sabrina Leal Araujo - CRB 8/10213)

ALGORITMOS E LÓGICA DE PROGRAMAÇÃO

UM TEXTO INTRODUTÓRIO PARA A ENGENHARIA

3ª edição

Marco Antonio Furlan de Souza
Marcelo Marques Gomes
Marcio Vieira Soares
Ricardo Concilio

Austrália • Brasil • México • Cingapura • Reino Unido • Estados Unidos

Algoritmos e lógica de programação
Um texto introdutório para a engenharia
3ª edição

Marco Antonio Furlan de Souza, Marcelo Marques Gomes, Marcio Vieira Soares, Ricardo Concilio

Gerente editorial: Noelma Brocanelli

Editora de desenvolvimento: Salete Del Guerra

Supervisora de produção gráfica: Fabiana Alencar Albuquerque

Revisão: Isabel Ribeiro, Monica Aguiar, Priscilla Rodrigues e Rosângela Ramos da Silva

Diagramação, projeto gráfico: Triall Editorial

Capa: Renata Buono/Buono Disegno

Imagem de capa: Strangebirdy/Shutterstock

© 2004, 2011, 2020 Cengage Learning Edições Ltda.

© 2020 Cengage Learning.

Todos os direitos reservados. Nenhuma parte deste livro poderá ser reproduzida, sejam quais forem os meios empregados, sem a permissão, por escrito, das editoras. Aos infratores aplicam-se as sanções previstas nos artigos 102, 104, 106 e 107 da Lei nº 9.610, de 19 de fevereiro de 1998.

Esta editora empenhou-se em contatar os responsáveis pelos direitos autorais de todas as imagens e de outros materiais utilizados neste livro. Se porventura for constatada a omissão involuntária na identificação de algum deles, dispomo-nos a efetuar, futuramente, os possíveis acertos.

A editora não se responsabiliza pelo funcionamento dos links contidos neste livro que possam estar suspensos.

Para informações sobre nossos produtos, entre em contato pelo telefone **+55 11 3665-9900**.
Para permissão de uso de material desta obra, envie seu pedido para **direitosautorais@cengage.com**.

ISBN 13: 978-85-221-2814-3
ISBN 10: 85-221-2814-6

Cengage
WeWork
Rua Cerro Corá, 2175 – Alto da Lapa
São Paulo – SP – CEP 05061-450
Tel.: (11) +55 11 3665-9900

Para suas soluções de curso e aprendizado, visite
www.cengage.com.br.

Impresso no Brasil
Printed in Brazil
9. reimpr. – 2023

Para meus pais Domingos (*in memoriam*) e Pedrinha.

Para Solange, pelo seu amor e apoio.

M.A.F.S.

Aos meus pais, pela dedicação e apoio durante toda a vida, e para Daniela, que escolheu trilhar comigo o caminho da vida.

M.M.G.

A minha esposa Ivani pelo incentivo, apoio e dedicação que me permitiram desenvolver nosso projeto de vida na busca de ventos favoráveis.

Navegar é preciso!

M.V.S.

Para todos os amigos que colaboraram, mesmo que indiretamente, com este trabalho.

Para os novos amigos que me acolheram de braços abertos.

Para ela, que me acompanhará no dia a dia.

R.C.

SUMÁRIO

SOBRE OS AUTORES XXI
PREFÁCIO XXIII

1 INTRODUÇÃO 1
   1.1 O desenvolvimento de um software 1
   1.2 Algoritmos e lógica de programação 3
        1.2.1 O significado de um algoritmo 4
        1.2.2 Exemplo de algoritmo 6
   1.3 A formalização de um algoritmo 11
        1.3.1 A sintaxe de um algoritmo 12
        1.3.2 Exemplo de sintaxe de um algoritmo 13
        1.3.3 A semântica de um algoritmo 15
   1.4 Como resolver problemas 16
        1.4.1 A análise e a síntese de um problema 16
        1.4.2 Modelagem de problemas 17
        1.4.3 O papel da lógica em programação 20
   1.5 Como se portar em um curso de computação 22
   1.6 Exercícios 24

2 CONCEITOS DE COMPUTAÇÃO E COMPUTADORES 29
   2.1 Origens da computação 29
        2.1.1 A necessidade de calcular 29
        2.1.2 O desenvolvimento de sistemas de numeração 30
   2.2 A evolução dos computadores 36
        2.2.1 Geração zero – Computadores puramente mecânicos 36
        2.2.2 Primeira geração – Computadores a válvula e relé 40
        2.2.3 Segunda geração – Computadores transistorizados 46
        2.2.4 Terceira geração – Computadores com circuitos integrados 48
        2.2.5 Quarta geração – Computadores com *chips* VLSI 49

2.3 A representação da informação em um computador 51
    2.3.1 A eletrônica digital do computador 51
    2.3.2 Conceitos de bits e seus múltiplos 52
    2.3.3 Caracteres e cadeias de caracteres 54
    2.3.4 Imagens 57
    2.3.5 Sons 61
2.4 A arquitetura de um computador 65
2.5 Funcionamento da UCP na execução dos programas 66
2.6 O projeto lógico na construção de programas 70

3 ALGORITMOS E SUAS REPRESENTAÇÕES 73
3.1 Revisão do conceito de algoritmo 73
3.2 Aplicabilidade dos algoritmos 74
    3.2.1 Exemplo não computacional de um algoritmo 74
    3.2.2 Exemplo computacional de um algoritmo 75
3.3 Propriedades de um algoritmo 77
3.4 Representações de um algoritmo 78
3.5 Diagrama de blocos – Fluxogramas 79
    3.5.1 Fluxograma mínimo 80
    3.5.2 Fluxograma com comandos sequenciais 81
    3.5.3 Fluxograma com comandos de decisão 87
    3.5.4 Fluxograma com comandos de repetição 91
    3.5.5 Simulação de algoritmos com fluxogramas 96
3.6 Português estruturado 102
    3.6.1 Algoritmo mínimo em Portugol 103
    3.6.2 Algoritmo em Portugol com comandos sequenciais 103
    3.6.3 Algoritmo em Portugol com comandos para leitura ou exibição .. 104
    3.6.4 Algoritmo em Portugol com comandos de decisão 104
    3.6.5 Algoritmo em Portugol com comandos de repetição 105
    3.6.6 Simulação de algoritmos em Portugol 106
3.7 Outras representações de algoritmos 107
    3.7.1 Diagramas de Nassi-Schneidermann 107
3.8 Convenções para tipos de dados 110
    3.8.1 Números 110
    3.8.2 Caracteres e cadeias de caracteres 110
    3.8.3 Valores lógicos 111

3.9 Convenções para os nomes de variáveis 111
3.10 Convenções para as expressões 112
    3.10.1 Operação de atribuição 112
    3.10.2 Operações aritméticas 113
    3.10.3 Operações relacionais 115
    3.10.4 Operações lógicas 116
    3.10.5 Expressões 117
3.11 Sub-rotinas predefinidas 118
    3.11.1 Funções matemáticas 119
    3.11.2 Funções e procedimentos para as cadeias de caracteres 121
3.12 Exercícios 123
3.13 Exercícios resolvidos 134

4 ESTRUTURAS DE PROGRAMAÇÃO 149

4.1 Estruturas de programação 149
4.2 Estruturas sequenciais 150
4.3 Estruturas de decisão 151
    4.3.1 Estrutura SE-ENTÃO 151
    4.3.2 Estrutura SE-ENTÃO-SENÃO 153
    4.3.3 Estrutura CASO 154
    4.3.4 Exemplos de estruturas de decisão 156
4.4 Estruturas de repetição 160
    4.4.1 Estrutura ENQUANTO-FAÇA 160
    4.4.2 Estrutura REPITA-ATÉ 161
    4.4.3 Estrutura PARA-ATÉ-FAÇA 162
    4.4.4 Exemplos de estruturas de repetição 165
    4.4.5 Símbolos específicos para estruturas de repetição (ISO 5807). 175
4.5 Exercícios 178
4.6 Exercícios resolvidos 186

5 VARIÁVEIS INDEXADAS 195

5.1 Motivação 195
5.2 Variáveis indexadas unidimensionais 197
5.3 Representação de vetores na memória do computador 198
5.4 Utilização de vetores 199
5.5 Exemplos de algoritmos com vetores 201

   5.5.1 Localização de um elemento do vetor 201
   5.5.2 Média aritmética dos elementos de um vetor 204
   5.5.3 Localização de elementos de um vetor por algum critério 206
   5.5.4 Determinação do maior e menor elemento de um vetor 208
   5.5.5 Cálculo de um polinômio pelo método de Horner 208
  5.6 Variáveis indexadas bidimensionais 211
  5.7 Exemplos de algoritmos com matrizes 214
   5.7.1 Leitura de elementos para uma matriz 214
   5.7.2 Produto de um vetor por uma matriz 216
  5.8 Exercícios 217

6 TÉCNICAS PARA A SOLUÇÃO DE PROBLEMAS 225
  6.1 A técnica *top-down* 225
   6.1.1 Exemplo de aplicação 226
  6.2 Sub-rotinas 232
   6.2.1 Funções 233
   6.2.2 Exemplos de funções 234
   6.2.3 O mecanismo de chamada de funções 239
   6.2.4 Procedimentos 242
  6.3 Exercícios 246
  6.4 Exercícios resolvidos 250

APÊNDICES 257
APÊNDICE A – NORMA ISO 5807/1985 259
  A.1 Os símbolos 260
   A.1.1 Símbolos relativos a dados 261
   A.1.2 Símbolos relativos a processos 262
   A.1.3 Símbolos de linhas 264
   A.1.4 Símbolos especiais 265
   A.1.5 Textos internos 265

APÊNDICE B – OPERADORES E FUNÇÕES PREDEFINIDAS 267
  B.1 Operadores matemáticos 267
  B.2 Funções predefinidas 268

REFERÊNCIAS BIBLIOGRÁFICAS 271
LISTA DE CRÉDITO DAS FIGURAS 273

LISTA DE FIGURAS

1.1	Simplificação do processo de construção de um software	2
1.2	Uma receita de bolo é um algoritmo	4
1.3	A tarefa de especificar um algoritmo	5
1.4	O problema das Torres de Hanoi	6
1.5	Solução do problema das Torres de Hanoi	7
1.6	Preparação para o uso do algoritmo geral para as Torres de Hanoi	10
1.7	Uso do algoritmo geral para o problema das Torres de Hanoi	11
1.8	Fluxograma para calcular a área de um triângulo	14
1.9	Fluxograma para resolver o problema das canetas	21
2.1	O número 23.523 em egípcio	32
2.2	Um ábaco típico	33
2.3	O uso do *suan-phan* chinês	35
2.4	Os ossos de Napier	36
2.5	Exemplo de utilização dos ossos de Napier	37
2.6	A *Pascaline* de Pascal	37
2.7	O tear automático de Jacquard	38
2.8	A máquina de diferenças de Babbage	39
2.9	O tabulador eletromecânico de Hollerith	40
2.10	O computador Z-1 de Zuse	41
2.11	O computador ABC de Atanasoff e Berry	41
2.12	O computador Harvard Mark-1 de Aiken	42
2.13	O computador britânico Colossus	43
2.14	O computador Eniac	43
2.15	O computador Edvac	44
2.16	John von Neumann e o computador IAS	44
2.17	O computador Edsac	45
2.18	O computador Univac	45
2.19	O computador IBM 709	46

2.20   O computador IBM 1401 47
2.21   O computador CDC-6600 47
2.22   O computador IBM 360 48
2.23   O transistor como chave. 51
2.24   Tela em modo texto do programa *Edit* 58
2.25   Tela em modo gráfico do aplicativo *Paint* do Windows 59
2.26   Exemplo de uma imagem 60
2.27   Exemplo de uma forma de onda de som 62
2.28   Exemplo de uma forma de onda de som após amostragem 63
2.29   Exemplo de uma forma de onda de som após quantificação 63
2.30   Organização típica de um computador 65
2.31   Caminho de dados de uma UCP 67
2.32   Memória principal do computador 68
2.33   Exemplo de organização de instrução 70
2.34   Etapas no desenvolvimento de um programa 71

3.1   Fluxograma mínimo 80
3.2   Problema da força exercida pela coluna de um líquido 81
3.3   Significado de variável em fluxogramas 82
3.4   Passo 1 na construção do fluxograma para o problema da força 83
3.5   Passo 2 na construção do fluxograma para o problema da força 84
3.6   Duas interpretações concretas do símbolo de entrada 84
3.7   O efeito da entrada de dados nas variáveis 85
3.8   Passo 3 na construção do fluxograma para o problema da força 85
3.9   O efeito do comando de atribuição em uma variável 86
3.10   Passo 4 na construção do fluxograma para o problema da força 86
3.11   Fluxograma final para o problema da força 87
3.12   Passo 1 na construção do fluxograma para o problema das raízes 89
3.13   Passo 2 na construção do fluxograma para o problema das raízes 89
3.14   Encaminhamento após um comando de decisão 90
3.15   Passo 3 na construção do fluxograma para o problema das raízes 91
3.16   Fluxograma final, comentado, para o problema das raízes 92
3.17   Fluxograma para o algoritmo de Euclides 93
3.18   Outro fluxograma para o algoritmo de Euclides 94
3.19   Passo 1 na construção do fluxograma para o problema das temperaturas ... 97
3.20   Passo 2 na construção do fluxograma para o problema das temperaturas ... 98
3.21   Passo 3 na construção do fluxograma para o problema das temperaturas ... 99

3.22	Fluxograma final para o problema das temperaturas	100
3.23	Algoritmo em Nassi-Schneidermann com comandos sequenciais	108
3.24	Algoritmo em Nassi-Schneidermann com comandos de decisão	108
3.25	Algoritmo em Nassi-Schneidermann com comando de repetição	109
3.26	Outro algoritmo em Nassi-Schneidermann com comando de repetição	109
3.27	Exemplo do comando de atribuição	113
3.38	Exemplo de operadores aritméticos	115
3.29	Exemplo do uso de funções matemáticas	121
3.30	Exemplo do uso de operações com cadeias de caracteres	123
3.31	Fluxograma para o Exercício 3.37	130
3.32	Fluxograma para o Exercício 3.45	132
4.1	Exemplo de fluxograma com estruturas sequenciais	151
4.2	Estrutura de decisão SE-ENTÃO em fluxograma	152
4.3	Estrutura de decisão SE-ENTÃO-SENÃO em fluxograma	153
4.4	Estrutura de decisão CASO em fluxograma	155
4.5	Exemplo de estrutura de decisão SE-ENTÃO-SENÃO em fluxograma	156
4.6	Exemplo de estrutura de decisão CASO em fluxograma	158
4.7	Estrutura de repetição ENQUANTO-FAÇA em fluxograma	160
4.8	Estrutura de repetição REPITA-ATÉ	161
4.9	Estrutura de repetição PARA-ATÉ-FAÇA em fluxograma	163
4.10	Identificação da estrutura de repetição PARA-ATÉ-FAÇA em fluxograma	164
4.11	O problema do cálculo da flecha em uma viga	166
4.12	Enflechamento de uma viga	166
4.13	Bissecção de um intervalo	167
4.14	Exemplo da estrutura de repetição ENQUANTO-FAÇA em fluxograma	168
4.15	Exemplo da estrutura de repetição REPITA-ATÉ em fluxograma	170
4.16	Processo de divisão utilizado pelo algoritmo da bissecção	172
4.17	Exemplo da estrutura de repetição PARA-ATÉ-FAÇA	173
4.18	Símbolo específico para as estruturas de repetição (ISO 5807)	175
4.19	Uso do símbolo específico para as estruturas de repetição	176
4.20	Exemplos de uso do símbolo específico para as estruturas de repetição	177
4.21	Fluxograma do Exercício 4.1	178
4.22	Fluxograma do Exercício 4.2	179
4.23	Figura do Exercício 4.15	182
4.24	Desenho da roseta do Exercício 4.17	184

5.1	Fluxograma para ordenar três valores	196
5.2	Armazenamento de uma variável simples na memória	198
5.3	Armazenamento de um vetor na memória	199
5.4	Notação para utilizar vetores	200
5.5	Fluxograma para armazenar e localizar elementos de um vetor	203
5.6	Versão segura do fluxograma para armazenar e localizar elementos de um vetor	204
5.7	Fluxograma para calcular a média aritmética dos elementos de um vetor	205
5.8	Fluxograma para calcular o número de elementos acima e abaixo da média de um vetor	207
5.9	Fluxograma para calcular o maior e o menor elemento de um vetor	209
5.10	Fluxograma para calcular um polinômio pelo método de Horner	212
5.11	Fluxograma para realizar a leitura de uma matriz	215
5.12	Fluxograma para multiplicar um vetor por uma matriz	216
5.13	Fluxograma para o Exercício 5.2	218
5.14	Deslocamento em um vetor	220
5.15	Troca de elementos em um vetor	221
5.16	Trajeto em uma matriz	223
5.17	Imagem em bitmap	223
6.1	Fluxograma para o ponto de partida na busca da solução do problema das notas	227
6.2	Fluxograma da primeira partição do problema	228
6.3	Fluxograma da segunda partição do problema	229
6.4	Fluxograma da terceira partição do problema	230
6.5	Fluxograma da partição final do problema	231
6.6	Representação de função com fluxograma	233
6.7	Fluxograma da função para calcular a contribuição do INSS	236
6.8	Fluxograma demonstrando o uso da função *CalcContribINSS*	237
6.9	Fluxograma da função para calcular o desconto do IRRF	239
6.10	Fluxograma simplificado para o cálculo do IRRF	240
6.11	O mecanismo de chamada de uma função	241
6.12	Representação de procedimento com fluxograma	242
6.13	Fluxograma de um procedimento para realizar a leitura de um vetor	244
6.14	Fluxograma apresentando a utilização de um procedimento	245

LISTA DE TABELAS

1.1	Alguns resultados para o problema das Torres de Hanoi	8
2.1	Alguns símbolos do sistema de numeração egípcio	31
2.2	Símbolos do sistema de numeração romano	32
2.3	Símbolos do sistema de numeração chinês	34
2.4	Os múltiplos do byte	53
2.5	A tabela de códigos ASCII	55
2.6	Codificação de uma cadeia de caracteres	56
2.7	Codificação de uma imagem	61
2.8	Codificação de um sinal de som	64
3.1	Simulação do algoritmo de Euclides	76
3.2	Resumo dos símbolos vistos no Capítulo 3	95
3.3	Simulação do fluxograma com valores de entrada errados	101
3.4	Simulação do fluxograma com valores de entrada corretos	102
3.5	Operações aritméticas	114
3.6	Operações relacionais	116
3.7	Operações lógicas	117
3.8	Precedência dos operadores	118
3.9	Funções matemáticas	120
3.10	Funções e procedimentos para as cadeias de caracteres	122
4.1	Tabela para o Exercício 4.15	183
5.1	Distribuição de pessoas nas salas de aula	201
5.2	Distribuição das salas de aula em um prédio com dois andares	211
5.3	Tabela de ocupação das salas de aula	214

6.1	Tabela de contribuições ao INSS.	235
6.2	Tabela de descontos para o IRRF.	235
A.1	Tabela de símbolos da ISO 5807 relativos a dados	259
A.2	Tabela de símbolos da ISO 5807 relativos a processos	261
A.3	Tabela de símbolos da ISO 5807 relativos a linhas.	262
A.4	Tabela de símbolos especiais da ISO 5807.	263
B.1	Operadores matemáticos	265
B.2	Funções predefinidas.	266
B.3	Expressões derivadas de funções predefinidas.	267

LISTA DE ALGORITMOS

1.1 Algoritmo para resolver o problema das Torres de Hanoi 6
1.2 Outro algoritmo para as Torres de Hanoi 8
1.3 Algoritmo geral para as Torres de Hanoi 10
1.4 Algoritmo informal para calcular a área de um triângulo 13
1.5 Algoritmo em Portugol para calcular a área de um triângulo 15
1.6 Algoritmo inicial para solucionar o problema das canetas 18
1.7 Algoritmo geral para solucionar o problema das canetas 18
1.8 Algoritmo geral e correto para solucionar o problema das canetas 19
1.9 Algoritmo correto, comentado, para solucionar o problema das canetas. 22
1.10 Algoritmo para o Exercício 1.10 26

2.1 Algoritmo para o funcionamento da UCP 69

3.1 Algoritmo para fazer sorvete de chocolate 75
3.2 Algoritmo para calcular o máximo divisor comum entre dois números .. 76
3.3 Algoritmo para interpretar um fluxograma 81
3.4 Algoritmo para calcular a força exercida pela coluna de um líquido 83
3.5 Algoritmo para calcular as raízes de uma equação de 2º grau 88
3.6 Algoritmo mínimo em Portugol 103
3.7 Algoritmo em Portugol com instruções sequenciais 103
3.8 Algoritmo em Portugol com comandos de leitura e exibição 104
3.9 Algoritmo em Portugol com estruturas de decisão 105
3.10 Algoritmo em Portugol com estrutura de repetição 106
3.11 Algoritmo em Portugol para o problema das temperaturas 107
3.12 Algoritmo em Portugol com exemplo do comando de atribuição 113
3.13 Exemplo de operadores aritméticos 115
3.14 Exemplo do uso de funções matemáticas 121
3.15 Exemplo do uso de operações com cadeias de caracteres 123

4.1 Exemplo de algoritmo em Portugol com estruturas sequenciais. 150
4.2 Estrutura de decisão SE-ENTÃO em Portugol. 152
4.3 Estrutura de decisão SE-ENTÃO-SENÃO em Portugol. 154
4.4 Estrutura de decisão CASO em Portugol. 155
4.5 Exemplo de estrutura de decisão SE-ENTÃO-SENÃO em Portugol. 157
4.6 Exemplo de estrutura de decisão CASO em Portugol. 159
4.7 Estrutura de repetição ENQUANTO-FAÇA em Portugol. 161
4.8 Estrutura de repetição REPITA-ATÉ em Portugol 162
4.9 Estrutura de repetição PARA-ATÉ-FAÇA em Portugol. 164
4.10 Identificação da estrutura de repetição PARA-ATÉ-FAÇA em Portugol. 165
4.11 Exemplo da estrutura de repetição ENQUANTO-FAÇA em Portugol. . 169
4.12 Exemplo da estrutura de repetição REPITA-ATÉ em Portugol. 171
4.13 Estrutura de repetição PARA-ATÉ-FAÇA em Portugol. 174

5.1 Algoritmo para ordenar três valores. 196
5.2 Algoritmo para armazenar e localizar elementos de um vetor. 202
5.3 Algoritmo em Portugol para armazenar e localizar elementos
de um vetor. 203
5.4 Versão segura do algoritmo em Portugol para armazenar
e localizar elementos de um vetor. 205
5.5 Algoritmo em Portugol para calcular a média aritmética
dos elementos de um vetor. 206
5.6 Algoritmo em Portugol para calcular o número de elementos
acima e abaixo da média de um vetor. 208
5.7 Algoritmo em Portugol para calcular o maior e o menor
elemento de um vetor. 210
5.8 Algoritmo em Portugol para calcular um polinômio pelo
método de Horner. 213
5.9 Algoritmo em Portugol para realizar a leitura de uma matriz. 215
5.10 Algoritmo em Portugol para multiplicar um vetor por uma matriz. 217

6.1 Algoritmo em Portugol para o ponto de partida na busca da solução
do problema das notas 227
6.2 Algoritmo em Portugol da primeira partição do problema 228
6.3 Algoritmo em Portugol da segunda partição do problema. 229
6.4 Algoritmo em Portugol da terceira partição do problema 230

6.5	Algoritmo em Portugol da partição final do problema	232
6.6	Representação de função em Portugol	234
6.7	Representação em Portugol da função para calcular a contribuição do INSS	236
6.8	Algoritmo em Portugol demonstrando o uso da função *CalcContribINSS*	238
6.9	Algoritmo em Portugol da função para calcular o desconto do IRRF	240
6.10	Algoritmo em Portugol simplificado para o cálculo do IRRF	241
6.11	Representação de procedimento em Portugol	243
6.12	Algoritmo em Portugol de um procedimento para realizar a leitura de um vetor	244
6.13	Algoritmo em Portugol apresentando a utilização de um procedimento	245
6.14	Algoritmo de ordenação por trocas	249

SOBRE OS AUTORES

Marco Antonio Furlan de Souza é Engenheiro Eletricista pela Faculdade de Engenharia Industrial (FEI) e mestre em Engenharia Elétrica pela Escola Politécnica da Universidade de São Paulo. Leciona no Curso de Engenharia de Computação do Instituto Mauá de Tecnologia (IMT) e no curso de Análise e Desenvolvimento de Sistemas da Fatec São Caetano do Sul – Antonio Russo.

Marcelo Marques Gomes é Engenheiro Eletricista pela Escola de Engenharia Mauá, mestre em Engenharia Elétrica e Computação pela Universidade Estadual de Campinas (Unicamp) e doutorando em Educação pela Universidade Metodista de São Paulo (Umesp). Atua como professor das disciplinas Sistemas de Informação e Processamento de Imagens do Instituto Mauá de Tecnologia (IMT) e Cálculo Numérico Computacional da Universidade São Judas Tadeu (USJT).

Marcio Vieira Soares é Engenheiro Naval pela Escola Politécnica da Universidade de São Paulo, especialista em Docência no Ensino Superior pela USCS. Foi, por mais de 20 anos, professor responsável pelas disciplinas Algoritmos e Programação, Complementos de Computação, Computação para Automação, entre inúmeras outras, na Escola de Engenharia Mauá, na qual foi membro do grupo criador do curso de Engenharia de Computação.

Ricardo Concilio é Engenheiro Eletricista pela Escola de Engenharia Mauá e mestre em Engenharia Elétrica pela Universidade Estadual de Campinas (Unicamp). Foi professor da Escola de Engenharia Mauá. Atualmente leciona na Escola de Engenharia da Universidade Presbiteriana Mackenzie.

PREFÁCIO

A QUEM SE DESTINA ESTE LIVRO?

Este livro destina-se a um curso introdutório de lógica de programação, especialmente àqueles ministrados em escolas de Engenharia. Um dos principais problemas encontrados pelo estudante de Engenharia em um primeiro curso de lógica de programação é a carência de textos que abordem de forma direta e clara as etapas necessárias para suportar o processo de resolução de problemas (computacionais ou não), a saber: a *análise*, com a identificação e solução de subproblemas, e a *síntese*, união das soluções encontradas para compor a solução do problema original. O resultado dessas etapas é sintetizado em passos que devem ser seguidos em determinada ordem e que constituem os *algoritmos*.

ABORDAGEM EMPREGADA

Pretende-se aqui seguir uma apresentação incremental dos tópicos. Inicialmente são propostos problemas simples que envolvem raciocínio lógico e que possuem solução livre, a fim de ambientar e incentivar o estudante na descrição dos passos elementares necessários à resolução de problemas. Isso é fundamental, pois grande parte dos estudantes que tem um primeiro contato com lógica de programação apresenta deficiências na organização de suas soluções e em abstrações. Além disso, neste primeiro contato, um processo genérico de solução de problemas é apresentado para fornecer um conjunto de dicas ou heurísticas que podem ser aplicadas em todos os problemas a serem resolvidos, fortalecendo assim o processo de abstração, essencial em programação.

A seguir são apresentados os conceitos de computação e computadores. Embora um primeiro curso de lógica de programação possa ser ministrado sem referências a como um computador é organizado e como ele funciona, verifica-se na prática que esse enfoque não é adequado. Como se sabe, o grande problema do estudante nesses cursos introdutórios é a abstração de procedimentos e dados. Nesse ponto, apresenta-se uma arquitetura de computador bem simples, baseada na arquitetura de Von Neumann[1], para fixar de modo tangível os conceitos relacionados a instruções e dados operados em computadores. O objetivo aqui é que o estudante futuramente consiga relacionar os aspectos abstratos de computação, tais como variáveis, estruturas de programas e decomposição funcional com sua implementação. Essa parte serve ainda como incentivo para a necessidade de descrever algoritmos antes de sua implementação propriamente dita.

Depois, e acompanhando todo o livro, emprega-se uma notação formal para a solução de problemas. Utiliza-se neste texto a descrição de algoritmos sob a forma de *fluxogramas* baseados na norma ISO[2] 5807/1985. Os fluxogramas são compostos por símbolos básicos que representam as menores partes em um processo de solução: estruturas sequenciais, de decisão e de repetição. O uso de fluxogramas nesta obra é justificado pelo fato de que o engenheiro tem a obrigação de desenvolver um raciocínio lógico bem estruturado e evidenciar que o fluxograma ainda representa uma poderosa ferramenta para a verificação e teste da lógica empregada na solução de problemas. A utilização de fluxogramas em Engenharia é ampla: de descrições de programas até descrições de processos de fabricação ou químicos, seu emprego é similar e regido única e exclusivamente pela lógica utilizada na composição de seus blocos, até alcançar a solução de um determinado problema.

Além do uso de fluxogramas, são apresentadas ainda duas outras formas conhecidas para a representação de algoritmos: diagramas de *Nassi-Schneidermann* e o pseudocódigo baseado na língua portuguesa, o *Portugol*. Os diagramas de Nassi-Schneidermann empregam uma representação em "caixas" aninhadas, em que cada uma é relacionada a um determinado tipo de comando ou estrutura de programação. Já o Portugol usa uma descrição textual e estruturada da solução de um problema na qual os comandos são descritos por palavras-chave reservadas e extraídas da língua portuguesa.

O QUE HÁ DE NOVO NESTA EDIÇÃO

Com linguagem simples e didática – sem, no entanto, fugir da complexidade do assunto –, o livro procura tornar prática a lógica de programação, além de mostrar aos estudantes um caminho mais adequado na construção dos algoritmos. O desenvolvimento do raciocínio lógico e da abstração de procedimentos

---

1 No Capítulo 2 você conhecerá mais sobre esse matemático húngaro. (N.E.)
2 International Organization for Standardization. A entidade desenvolve e publica padrões internacionais.

e dados são as maiores dificuldades para os estudantes dos cursos introdutórios. Nesse sentido, os autores resolvem os problemas propostos passo a passo, apresentando todos os conceitos envolvidos por meio de fluxogramas e em conjunto com pseudocódigos. Esta obra, que já era considerada um clássico, está em sua 3ª **edição** fortalecida com a apresentação de inúmeros fluxogramas e, agora, conta com os seus respectivos pseudocódigos. Vale lembrar que o Exame Nacional de Desempenho dos Estudantes (ENADE) tem cobrado questões ligadas às linguagens de programação por meio de raciocínio lógico e interpretação de pseudocódigos.

DESCRIÇÃO DOS CAPÍTULOS

No Capítulo 1 são apresentados os conceitos básicos sobre modelagem de problemas em Engenharia e formas de organizar suas soluções utilizando passos elementares. Faz-se aqui um prelúdio ao estudo dos algoritmos, com uma descrição de métodos para auxiliar o estudante no processo de identificação e resolução de problemas, bem como a proposição de problemas de lógica com solução livre para ambientar o estudante nesse processo.

No Capítulo 2 são discutidos os conceitos de computação e computadores. Inicia-se com a discussão da origem da palavra computação, seu significado e aplicações. A seguir são discutidos os conceitos básicos sobre a organização de computadores utilizando a arquitetura de Von Neumann. Um computador hipotético com instruções simplificadas é apresentado de forma a proporcionar ao estudante simulações de como as instruções e os dados são realmente processados.

Os conceitos de algoritmo e fluxograma são formalizados no Capítulo 3. Discutiremos, ainda, o conceito e as propriedades de um algoritmo, a representação de algoritmos por fluxogramas, como criar um fluxograma utilizando os símbolos básicos da norma ISO 5807/1985, bem como convenções para os tipos de dados, os nomes de variáveis e operadores.

Já no Capítulo 4, formalizam-se as estruturas de programação. São apresentados os nomes e as topologias das estruturas típicas de um programa: as estruturas sequenciais, de decisão e de repetição. Apresentam-se ainda nesse capítulo duas outras formas de representação de algoritmos: os diagramas de Nassi-Schneidermann e a pseudolinguagem Portugol.

É apresentado no Capítulo 5 o conceito de variáveis indexadas e seu uso. As variáveis indexadas são aquelas que referenciam de forma ordenada uma sequência de dados homogêneos. Separam-se aqui, para melhor compreensão, o conceito e a utilização de variável indexada unidimensional (ou vetor) dos conceitos de variável indexada bidimensional e multidimensional. Com essa separação, espera-se que o estudante consiga estender os conceitos e operações relacionados a variáveis indexadas unidimensionais para dimensões maiores.

Por fim, no Capítulo 6 são discutidas as técnicas para a solução de problemas, mais especificamente as técnicas para modularizar a solução utilizando sub--rotinas. São apontados os dois tipos básicos de sub-rotinas (função e procedimento) e como empregá-los de acordo com a técnica *top-down* de modularização.

A figura da página XXVI exibe a organização dos capítulos deste livro.

CONVENÇÕES TIPOGRÁFICAS

Algumas convenções tipográficas foram utilizadas neste livro para tornar mais clara a sua compreensão:

- **Negrito** é empregado para destacar os conceitos importantes.
- *Itálico* é utilizado para enfatizar os conceitos essenciais e para palavras estrangeiras.

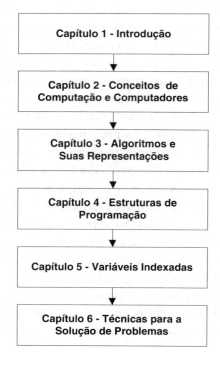

- Antes do enunciado de cada exercício, os símbolos mostrados abaixo identificam o nível de dificuldade: básicos (fáceis), de resolução imediata; médios, nos quais o estudante deve pensar um pouco mais na solução; e desafios, a fim de empenhar-se mais na sua solução:

    ☼ exercício fácil
    ⛅ exercício médio
    🌧 exercício desafiador

- Exercícios que têm solução no final do respectivo capítulo são anotados ainda com o símbolo a seguir:

    ✐ exercício com solução

AGRADECIMENTOS

Agradecemos a todos os nossos colegas professores envolvidos na disciplina Algoritmos e Programação do Ciclo Básico da Escola de Engenharia Mauá, cujas observações e críticas foram fundamentais: Douglas Lauria, Daniela Caio André Gomes, Jorge Kawamura, Lincoln César Zamboni, Paulo Guilherme Seifer, Ricardo Aurélio Roverso Abrão, Vitor Alex Oliveira Alves, Wilson Inacio Pereira e, em especial, Roberto Scalco, pelo auxílio na confecção de algumas figuras deste livro.

CAPÍTULO 1 | # INTRODUÇÃO

Um programa de computador é um produto resultante da atividade intelectual de um programador. Essa atividade, por sua vez, depende de um treinamento prévio em abstração e modelagem de problemas, bem como do uso da lógica na verificação das soluções. Neste capítulo são apresentados os conceitos introdutórios sobre a tarefa de programar computadores, a necessidade do uso de lógica na programação, a importância de abstrair e modelar os problemas antes de partir para as soluções. Por fim, são apresentadas algumas dicas úteis que podem ser utilizadas na solução de problemas em geral.

1.1 O DESENVOLVIMENTO DE UM SOFTWARE

Um **programa de computador** ou simplesmente **software** é representado pelas **instruções** e **dados** que algum ser humano definiu e que, ao serem executados por alguma **máquina,** cumprem algum **objetivo.** A máquina a que este texto se refere é um **computador digital.**[1]

Os computadores digitais são máquinas eletrônicas contendo processadores e circuitos digitais adequados, operando com sinais elétricos em dois níveis ou **binários** (a serem detalhados no Capítulo 2).

Os dados são organizados em um computador de acordo com sua representação binária, isto é, sequências de **0**s e **1**s.

---

1 Existem também computadores analógicos.

O objetivo de utilizar um computador é extrair as **informações** resultantes de computações, isto é, o resultado das execuções das instruções de algum programa. Deve-se observar a diferença entre informação e dado: o dado por si só é um valor qualquer armazenado em um computador, enquanto a informação representa a *interpretação* desse dado, ou seja, qual o seu significado.

Parte dos dados processados durante a execução de um software é fornecida pelo ser humano (ou outra máquina) e denominada dados de **entrada**. Por outro lado, os dados de **saída** são aqueles fornecidos ao ser humano (ou outra máquina) após o processamento dos dados de entrada.

De qualquer forma, é importante notar que o objetivo do software é que motiva sua construção. Este pode ser definido como alguma necessidade humana, por exemplo, um programa para simular o funcionamento de um circuito digital, um programa para comandar um robô em uma linha de montagem, um sistema de gerenciamento de informações em uma empresa, somente para citar algumas. A Figura 1.1 descreve uma simplificação do processo de desenvolvimento de um software.

Definição de requisitos   Desenvolvimento   Entrega

FIGURA 1.1 Simplificação do processo de construção de um software.

Nessa figura o **cliente** especifica exatamente o que o software deve conter. Ele sabe **o que** o software deve conter e realizar, mas regra geral não sabe como. Ele indica o que o software deve contemplar e executar por meio de especificações chamadas **requisitos**.

Entende-se por cliente a entidade que contrata os serviços para a criação de um software, podendo ser uma empresa, pessoa ou ainda uma empresa que, por iniciativa própria, produza e venda seu software livremente (por exemplo, a Microsoft).

No desenvolvimento, os requisitos do cliente são traduzidos em **especificações técnicas** de software pelos **analistas de sistema** ou **engenheiros** de software. O desenvolvimento de um software é tipicamente dividido nas seguintes etapas:

- **Análise:** criam-se especificações que detalham como o software vai funcionar;
- **Projeto:** criam-se especificações que detalham o resultado da análise em termos mais próximos da implementação do software;
- **Implementação:** utilizando-se uma linguagem de programação e as especificações de projeto, o software é construído;
- **Testes:** após a construção do software, são realizados testes para conferir sua conformidade com os requisitos iniciais. O software deve satisfazer a todas as especificações do cliente.

Por fim, após os testes o software é implantado na empresa. A implantação pode variar desde uma simples instalação, que dure alguns minutos, até a instalação e testes de integração de diversos softwares, que pode levar semanas. De qualquer forma, o fato de o software estar finalizado e testado não significa que esteja totalmente livre de erros, também denominados *bugs*. Assim, deve-se voltar e tentar identificar a causa dos erros.

Pior que erros de programação, é o caso em que pode acontecer de o software funcionar corretamente, não apresentar erros, mas não realizar o que o cliente esperava. Nesse caso, deve-se retornar à etapa inicial, verificando os requisitos e refazendo todo o ciclo de desenvolvimento.

É um fato que grande parte do investimento feito em um software é gasta na correção de erros do que propriamente na sua elaboração. Daí surge a necessidade de enxergar o software como o produto de um processo bem definido e controlado, que atue sobre as suas etapas de desenvolvimento; em outras palavras, um *processo de engenharia de software*.

1.2 ALGORITMOS E LÓGICA DE PROGRAMAÇÃO

Como foi brevemente apresentado na Seção 1.1, o software deve ser encarado como um produto de um processo bem definido e controlado de engenharia. O intuito deste livro não é entrar em detalhes sobre engenharia de software, e sim se concentrar na disseminação de conceitos básicos que viabilizem a especificação correta de softwares, uma etapa imediatamente anterior a sua implementação ou programação.

O estudo de algoritmos e de lógica de programação é essencial no contexto do processo de criação de um software. Ele está diretamente relacionado com a etapa de projeto de um software em que, mesmo sem saber qual será a linguagem de programação a ser utilizada, especifica-se completamente o software a ponto de na implementação ser possível traduzir diretamente essas especificações em linhas de código em alguma linguagem de programação como Pascal, C, Java e outras.

Essa tarefa permite verificar, em um nível maior de abstração, se o software está correto ou não. Permite, inclusive, averiguar se o software atenderá às especificações originalmente propostas. Assim, evita-se partir diretamente para a etapa de implementação, o que poderá ocasionar mais erros no produto final.

1.2.1 O SIGNIFICADO DE UM ALGORITMO

Um **algoritmo** representa um conjunto de regras para a solução de um problema. Essa é uma definição geral, podendo ser aplicada a qualquer circunstância que exija a descrição da solução. Dessa forma, uma receita de bolo é um exemplo de um algoritmo,[2] pois descreve as regras necessárias para a conclusão de seu objetivo: a preparação de um bolo.

Em um bolo, descrevem-se quais serão os ingredientes e as suas quantidades. Depois, quais são as regras para o seu preparo, como a sequência de inclusão dos ingredientes para bater as gemas, o cozimento e assim por diante, conforme a Figura 1.2.

FIGURA 1.2 Uma receita de bolo é um algoritmo.

---

2 Na realidade, um algoritmo informal e impreciso.

A correta execução das instruções contidas na receita de bolo leva à sua preparação. No entanto, se essas instruções tiverem sua ordem trocada ou a quantidade dos ingredientes alterada, o resultado vai divergir do original. Existe, ainda, o perigo de o autor da receita não a ter testado previamente, o que poderá gerar, novamente, resultados indesejáveis.[3]

Da mesma forma, em programação, o algoritmo especifica com clareza e de forma correta as instruções que um software deverá conter para que, ao ser executado, forneça resultados esperados (veja a Figura 1.3).

FIGURA 1.3 A tarefa de especificar um algoritmo.

Em primeiro lugar, deve-se saber qual é o problema a ser resolvido pelo software – o seu objetivo. Daí, devem-se extrair todas as informações a respeito desse problema (dados e operações) e relacioná-las com o conhecimento atual que se tem do assunto, buscando eventualmente informações de outras fontes. Essa fase representa a **modelagem** do problema em questão e vai ser detalhada na Seção 1.4.2. A modelagem do problema é resultante de um processo mental de **abstração**, o qual será discutido na Seção 1.4.

Depois, sabendo como resolver o problema, a tarefa consiste em descrever claramente os passos para chegar à solução. Os passos por si só não resolvem o problema; é necessário colocá-los em uma sequência **lógica** (veja Seção 1.4.3), que, ao ser seguida, de fato o solucionará.

Além disso, é importante que essa descrição possua algum tipo de **convenção** para que todas as pessoas envolvidas na definição do algoritmo possam entendê-lo (veja a Seção 1.3). Chega-se, então, à especificação do algoritmo.

---

3 Se o fogão estiver desregulado também vai gerar problemas.

1.2.2 EXEMPLO DE ALGORITMO

Considere o problema das *Torres de Hanoi*. A proposição do problema é a seguinte: inicialmente têm-se três hastes, A, B e C, e na haste A repousam três anéis de diâmetros diferentes, em ordem decrescente por diâmetro (veja a Figura 1.4).

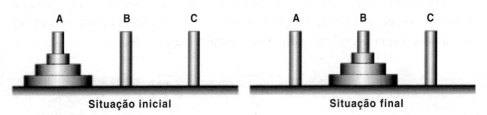

FIGURA 1.4 O problema das Torres de Hanoi.

O objetivo é transferir os três anéis da haste A para B, usando C se necessário. As regras de movimento são:

- deve-se mover um único anel por vez;
- um anel de diâmetro maior nunca pode repousar sobre algum outro de diâmetro menor.

As únicas informações para resolver esse problema são as configurações inicial e final dos anéis e as regras de movimento. Uma solução poderia ser a seguinte sequência de operações (veja o Algoritmo 1.1 e a Figura 1.5).

ALGORITMO 1.1 Algoritmo para resolver o problema das Torres de Hanoi.

Início
1. Mover um anel da haste A para a haste B.
2. Mover um anel da haste A para a haste C.
3. Mover um anel da haste B para a haste C.
4. Mover um anel da haste A para a haste B.
5. Mover um anel da haste C para a haste A.
6. Mover um anel da haste C para a haste B.
7. Mover um anel da haste A para a haste B.

Fim

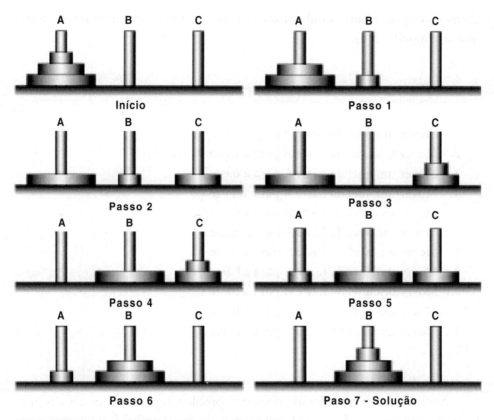

FIGURA 1.5 Solução do problema das Torres de Hanoi.

Como se obteve essa solução? Primeiro, é importante entender o enunciado do problema e as regras que foram impostas. Dessa forma, não é possível especificar os movimentos nos quais uma peça que esteja abaixo de outra seja movida nem mover mais de uma peça por vez. Segundo, é importante verificar a cada passo definido se a solução está se aproximando do objetivo final.

O Algoritmo 1.2 define outra sequência de operações para solucionar o problema.

Deve-se observar que essa solução é válida e também resolve o caso das Torres de Hanoi. No entanto, leva-se mais tempo para chegar à solução (onze passos contra sete da solução anterior). Esse exemplo demonstra que uma mesma solução pode ser melhor ou pior que outra. Isso é um conceito importante quando se trata de um programa, pois, dependendo do problema, determinar uma solução mais eficiente pode economizar até horas de processamento.

Outras soluções válidas também podem ser propostas, mas não terão menos que sete movimentos.

ALGORITMO 1.2 Outro algoritmo para as Torres de Hanoi.

Início
1. Mover um anel da haste A para a haste C.
2. Mover um anel da haste A para a haste B.
3. Mover um anel da haste C para a haste B.
4. Mover um anel da haste A para a haste C.
5. Mover um anel da haste B para a haste C.
6. Mover um anel da haste B para a haste A.
7. Mover um anel da haste C para a haste A.
8. Mover um anel da haste C para a haste B.
9. Mover um anel da haste A para a haste C.
10. Mover um anel da haste A para a haste B.
11. Mover um anel da haste C para a haste B.

Fim

Agora, e se for considerado o mesmo problema, porém com n anéis postados inicialmente na haste A? Como isso afetará a solução? É interessante estudar diversos casos particulares antes de elaborar uma solução genérica.

A Tabela 1.1 demonstra alguns resultados do problema das Torres de Hanoi quando se varia n (considere que $X \rightarrow Y$ representa a operação "mover uma peça da haste X para Y").

TABELA 1.1 Alguns resultados para o problema das Torres de Hanoi.

n	Número de movimentos	Movimentos
1	1	$A \rightarrow B$
2	3	$A \rightarrow C$; $A \rightarrow B$; $C \rightarrow B$

(continua)

TABELA 1.1 Alguns resultados para o problema das Torres de Hanoi. *(continuação)*

n	Número de movimentos	Movimentos
3	7	$A \to B$; $A \to C$; $B \to C$; $A \to B$; $C \to A$; $C \to B$; $A \to B$
4	15	$A \to C$; $A \to B$; $C \to B$; $A \to C$; $B \to A$; $B \to C$; $A \to C$; $A \to B$; $C \to B$; $C \to A$; $B \to A$; $C \to B$; $A \to C$; $A \to B$; $C \to B$
5	31	$A \to B$; $A \to C$; $B \to C$; $A \to B$; $C \to A$; $C \to B$; $A \to B$; $A \to C$; $B \to C$; $B \to A$; $C \to A$; $B \to C$; $A \to B$; $A \to C$; $B \to C$; $A \to B$; $C \to A$; $C \to B$; $A \to B$; $C \to A$; $B \to C$; $B \to A$; $C \to A$; $C \to B$; $A \to B$; $A \to C$; $B \to C$; $A \to B$; $C \to A$; $C \to B$; $A \to B$

É possível notar pela Tabela 1.1 que existe uma relação matemática entre n, o número de anéis do problema, com o número de movimentos executados, sendo a relação $m(n) = 2^n - 1$, em que m representa o número de movimentos.

Assim, se n for igual a 20, o número de movimentos que deverão ser descritos será igual a 1.048.575 (haja lápis e papel!). Portanto, a generalização do algoritmo desse problema, na forma em que está sendo descrito, é impraticável para grandes valores de n. É necessário determinar formas mais sintéticas para expressar a solução desse estudo de caso.

Um modo de expressar a solução geral desse problema de forma mais sintética é enxergá-lo de outra maneira. Considere que as três hastes estão dispostas em um círculo, conforme ilustrado na Figura 1.6.

Um algoritmo que proporciona uma solução geral para o problema das Torres de Hanoi é descrito pelo Algoritmo 1.3. Esse algoritmo não impõe qual deve ser a haste destino. Observa-se que, para os valores de n ímpar, os anéis serão transferidos para a primeira haste que estiver após a haste de início, no sentido horário. Se n for par, os anéis serão transferidos para a primeira haste que estiver após aquela de início, no sentido anti-horário.

FIGURA 1.6 Preparação para o uso do algoritmo geral para as Torres de Hanoi.

ALGORITMO 1.3 Algoritmo geral para as Torres de Hanoi.

Início
1. **Repita** [*repetir a execução das duas linhas abaixo até que a condição na parte até seja atendida.*]
2. Mova o menor anel de sua haste atual para a próxima no sentido horário.
3. Execute o único movimento possível com um anel que não seja o menor de todos.
4. **Até** que todos os discos tenham sido transferidos para outra haste.

Fim

A Figura 1.7 mostra a aplicação desse algoritmo para n valendo 3.

Essa solução funciona para qualquer valor de n tal que $n \geq 1$. Apesar de haver um algoritmo geral que resolva todos os casos para o problema das Torres de Hanoi, ainda existem algumas dificuldades na sua forma de descrição:

- Existe um tratamento informal dos comandos: o que significa *repita* e *até*? É necessário formalizar os comandos do algoritmo.
- As operações descritas pelo algoritmo são úteis para uma pessoa interpretar, mas não para uma máquina. É necessário modelar melhor o problema de forma que este seja facilmente traduzido para uma máquina. Está implícito, por exemplo, que não deve ser realizado nenhum movimento no passo 3 se não existir nenhuma outra peça que possa ser movida além do menor anel.

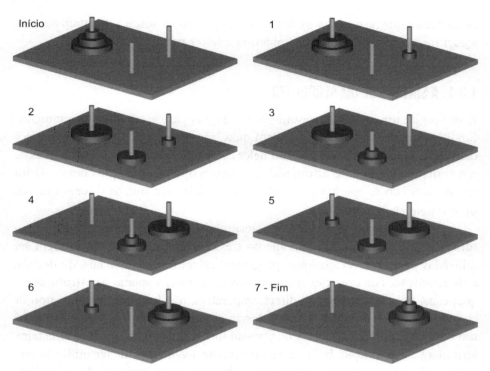

FIGURA 1.7 Uso do algoritmo geral para o problema das Torres de Hanoi.

A necessidade de formalizar um algoritmo é discutida na Seção 1.3, e os tópicos de modelagem de problemas são apresentados na Seção 1.4.2.

1.3 A FORMALIZAÇÃO DE UM ALGORITMO

A tarefa de especificar os algoritmos para representar um programa consiste em detalhar os dados que serão processados pelo programa e as instruções que vão operar sobre esses dados. Essa especificação pode ser feita livremente como visto na Seção 1.2.2, mas é importante **formalizar** a descrição dos algoritmos segundo alguma **convenção**, para que todas as pessoas envolvidas na sua criação possam entendê-lo da mesma forma.

Em primeiro lugar, é necessário definir um conjunto de regras que regulem a escrita do algoritmo, isto é, regras de **sintaxe**. Em segundo, é preciso estabelecer as regras que permitam interpretar um algoritmo, que são as regras **semânticas**. Apesar de essa formalização ser assunto para os Capítulos 3 e 4, nesta seção são resumidos os conceitos importantes sobre a formalização de algoritmos com o intuito de já ambientar o leitor nesse tópico.

1.3.1 A SINTAXE DE UM ALGORITMO

A sintaxe de um algoritmo resume-se nas regras para escrevê-lo corretamente. Em computação, essas regras indicam quais são os tipos de **comandos** que podem ser utilizados e também como neles escrever **expressões**. As expressões de um comando em um algoritmo realizam algum tipo de **operação** com os **dados** envolvidos, isto é, operam com valores e resultam em outros valores que são usados pelo algoritmo.

Os tipos de comandos de um algoritmo são também denominados **estruturas de programação**. Existem apenas três tipos de estruturas que podem ser utilizadas para escrever qualquer programa: **estruturas sequenciais, de decisão e de repetição**. Por exemplo, o Algoritmo 1.1 emprega apenas as estruturas sequenciais, pois sua execução é direta, imperativa, não havendo nenhum tipo de condição a ser verificada e nenhum desvio em seu caminho. Já o Algoritmo 1.3 usa uma estrutura de repetição, que possui uma condição que, se for verdadeira, terminará sua execução. Enfatiza-se novamente a vantagem de ter utilizado essa estrutura, uma vez que ela evita que se tenha de escrever todos os $2^n - 1$ comandos de movimentação dos anéis para um problema da Torre de Hanoi com $n \geq 1$.

As expressões que são escritas em estruturas de programação envolvem a utilização de dados. Antecipando o que será visto no Capítulo 2, os dados em um computador são números binários, isto é, sequências de 0s e 1s, e são armazenados em sua memória. Não é prático trabalhar diretamente com essa representação, e, então, convencionou-se que os dados manipulados por um programa são categorizados em **tipos de dados**, que torna simples seu uso para o programador, mas que na realidade, para a máquina, são traduzidos em valores binários. Assim é possível manipular diversos tipos de dados em um algoritmo: números inteiros e reais, valores lógicos, textos etc.

A manipulação desses dados é feita por meio de **variáveis** e **valores constantes**, que representam no texto do algoritmo os dados que serão armazenados na memória do computador. O significado de variável é similar àquele empregado na matemática: representar um valor, porém com um significado físico por trás; esse valor será armazenado na memória de um computador. Um valor constante representa um valor que não pode ser alterado, como o número 25, o nome 'Márcio' e assim por diante.

Uma variável pode ser manipulada de muitas formas. Os valores constantes ou resultados de expressões envolvendo as variáveis podem ser **atribuídos** a elas. Para escrever as expressões corretamente, é necessária também uma sintaxe. Essa sintaxe depende do tipo de variáveis envolvidas e determina quais são os **operadores** que podem ser aplicados. Além dos operadores propriamente ditos, especificam-se algumas **funções e procedimentos** predefinidos úteis que simplificam algumas tarefas corriqueiras em computação, como ler os dados digitados por um usuário, escrever resultados na tela do computador, calcular o seno de um número etc.

1.3.2 EXEMPLO DE SINTAXE DE UM ALGORITMO

Deseja-se especificar um algoritmo para calcular e exibir na tela a área de um triângulo de base b e altura h, em que os valores de b e de h são fornecidos pelo usuário via teclado. Antes de mais nada, a solução desse problema é imediata, pois se sabe que a área s de um triângulo de base b e altura h é dada por $s = \frac{b \times h}{2}$.

Um algoritmo para resolver esse problema pode ser definido de maneira informal, como ilustrado pelo Algoritmo 1.4. Observe que essa descrição está em português e não é conveniente que seja traduzida para uma linguagem de computador.

ALGORITMO 1.4 Algoritmo informal para calcular a área de um triângulo.

Início
1. Pedir para o usuário digitar os valores de b e de h.
2. Calcular a área s usando a fórmula $s = \frac{b \times h}{2}$.
3. Exibir o valor de s na tela.

Fim

Agora, a tarefa é descrever esse mesmo algoritmo utilizando alguma representação mais formal. Primeiro, será considerada a representação por fluxograma (veja Capítulo 3) cujo resultado é apresentado na Figura 1.8.

14 ■ ALGORITMOS E LÓGICA DE PROGRAMAÇÃO

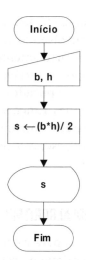

FIGURA 1.8 Fluxograma para calcular a área de um triângulo.

Nessa representação, a sintaxe para a escrita de um algoritmo é dada pelos **símbolos** do fluxograma e pelas regras para a escrita das expressões. A regra geral de um fluxograma estabelece que este deve ser escrito com seus símbolos básicos, interligados por linhas com ou sem setas que indicam a direção em que os comandos devem ser executados. Sua interpretação deve começar em um símbolo de *início* e terminar em um símbolo de *fim*. O início e o fim do algoritmo são representados por dois retângulos de cantos arredondados, que são sempre os mesmos para qualquer fluxograma.

Os dados do problema – a base, a altura e a área – são representados pelas variáveis *b*, *h* e *s*. O símbolo do trapézio representa um comando que possibilita ao usuário digitar os valores que serão atribuídos às variáveis *b* e *h*. O símbolo do retângulo representa um comando a ser executado de forma imperativa.

Por sua vez, o comando representado pela seta esquerda ($\leftarrow$) permite copiar para a variável *s* o valor da expressão $(b*h)/2$. Observe que existe uma regra para escrever essa expressão: * significa multiplicação e /, divisão. Por fim, o símbolo de um retângulo de cantos arredondados mais achatado à esquerda significa exibir o valor da variável *s* na tela.

Agora será considerado esse mesmo algoritmo utilizando-se uma representação em pseudocódigo denominada *Portugol* (veja o Capítulo 3), apresentado pelo Algoritmo 1.5.

> **ALGORITMO 1.5** Algoritmo em Portugol para calcular a área de um triângulo.
>
> **Início**
> 1. $Ler(b,h)$
> 2. $s \leftarrow (b*h)/2$
> 3. $Exibir(s)$
>
> **Fim**

Nesse caso, a sintaxe é dada pelos comandos desse pseudocódigo. A regra geral para escrever um algoritmo nessa representação determina que este deva ser delimitado pelas palavras **Início** e **Fim** e os comandos, logo após o símbolo de início, devem ser executados sequencialmente, de cima para baixo. O comando *Ler* corresponde a um procedimento que automaticamente pede para o usuário digitar dois valores e estes são copiados para as variáveis *b* e *h*. A expressão do cálculo de *s* tem o mesmo significado que no caso do fluxograma, e o comando *Exibir* mostra na tela do computador o valor da variável *s*.

1.3.3 A SEMÂNTICA DE UM ALGORITMO

Como já foi exposto, a semântica de um algoritmo estabelece regras para sua interpretação. Os símbolos ou comandos de um algoritmo por si só não têm um significado, a menos que este seja bem definido.

Por exemplo, no caso de um fluxograma, o símbolo de retângulo representa um comando que deve ser executado de forma imperativa, isto é, sem condição alguma. É definido geralmente como um símbolo e, no seu interior, figura uma expressão que deve ser avaliada, podendo ser qualquer uma desde que seja válida para esse símbolo.

No exemplo do fluxograma da Figura 1.8, a expressão utilizada no interior do retângulo é $s \leftarrow (b*h)/2$, caracterizando-se por ser válida, pois usa os símbolos definidos para um fluxograma, e sua semântica é *multiplicar o valor de b pelo valor de h, dividir esse resultado por 2 e copiá-lo para a variável s*.

Dessa forma, a semântica de um algoritmo sempre acompanha a sua sintaxe, fornecendo um significado. A importância da formalização de um algoritmo, sua sintaxe e semântica podem ser resumidas assim:

- Evitar ambiguidades, pois definem regras sintáticas e semânticas que sempre são interpretadas da mesma forma.
- Impedir a criação de símbolos ou comandos desnecessários na criação de um algoritmo: representam um conjunto mínimo de regras que pode ser utilizado em qualquer algoritmo.
- Permitir uma aproximação com as regras de uma linguagem de programação, fazendo, assim, uma fácil tradução de um algoritmo para sua implementação no computador.

1.4 COMO RESOLVER PROBLEMAS

A criação de um algoritmo é uma tarefa essencialmente intelectual. A partir do enunciado de um problema, deseja-se obter um algoritmo que o resolva. Pode-se afirmar que a tarefa de escrever algoritmos é, portanto, uma tarefa de resolver problemas.

1.4.1 A ANÁLISE E A SÍNTESE DE UM PROBLEMA

A resolução de um problema envolve duas grandes fases: a **análise** e a **síntese** da solução.

Na fase de análise, o problema é entendido de forma que se descubra o que deve ser solucionado, quais são os dados necessários e as condições para resolvê-lo se esses dados e essas condições são necessários, insuficientes ou redundantes ou ainda contraditórios e, então, parte-se para a sua **modelagem**, podendo ser enriquecida com o auxílio de equações, desenhos ou gráficos. Como resultado dessa fase, tem-se a elaboração de um **plano de ação**, no qual a experiência em problemas similares vistos anteriormente é utilizada e, também, pode ser necessária a utilização de problemas auxiliares. Nessa fase, faz-se uso direto de processos de **abstração**, o que significa elaborar modelos mentais do problema em questão e do encaminhamento de sua solução.

Na etapa de síntese, executa-se o plano definido na fase de análise, representando os passos por meio de um algoritmo. Aqui, emprega-se uma representação formal, como visto na Seção 1.3. É importante que a solução seja verificada e comprovada corretamente, por meio da execução do algoritmo. Essa execução é feita percorrendo-se o algoritmo do seu início até o seu final e verificando, a cada passo, se o resultado esperado foi obtido. Caso tenha sido encontrada alguma discrepância, deve-se procurar saber qual foi sua causa e eventualmente analisar novamente o problema, repetindo-se, assim, esse ciclo até que a solução tenha sido obtida.

1.4.2 MODELAGEM DE PROBLEMAS

A modelagem (geralmente desprezada) é a principal responsável pela facilidade ou dificuldade da resolução de um problema. Na Matemática e na Engenharia, por exemplo, o uso da **linguagem matemática** é fundamental, principalmente pela eliminação de duplos sentidos que acontecem nessa prática.

O mesmo ocorre na computação, com o emprego de linguagens de descrição de algoritmos (como fluxogramas) e de linguagens de programação (como a linguagem Pascal).

Como um exemplo de modelagem, considere o seguinte problema:

> *Compraram-se 30 canetas iguais, que foram pagas com uma nota de R$ 100,00, obtendo-se R$ 67,00 como troco. Quanto custou cada caneta?*

Este é um problema bem simples, cuja solução pode até ser feita "de cabeça"; porém, como pode ser mostrada a solução? Uma possível resposta:

> *Se eu tinha R$ 100,00 e recebi como troco R$ 67,00, o custo do total de canetas é a diferença entre os R$ 100,00 que eu tinha e os R$ 67,00 do troco. Ora, isto vale R$ 33,00; portanto, esse valor foi o total pago pelas canetas. Para saber quanto custou cada caneta, basta dividir os R$ 33,00 por 30, resultando no preço de cada caneta. Assim, cada caneta custou o equivalente a R$ 1,10.*

Esse raciocínio é matematicamente demonstrado por: seja x o custo de cada caneta, então, *quanto gastei* $= 30x$. Como *quanto gastei* + *troco* = R$ 100,00, tem-se:

$$30x + 67 = 100$$
$$30x = 100 - 67$$
$$30x = 33$$
$$x = \frac{33}{30}$$
$$x = 1.1 \quad \square$$

De uma forma mais curta e universalmente entendida, pode-se também dizer que o caminho pode ser obtido por um algoritmo como o Algoritmo 1.6.

ALGORITMO 1.6 Algoritmo inicial para solucionar o problema das canetas.

Início
1. Pegar os valores 30, 100 e 67.
2. Subtrair 67 de 100 e dividir o resultado por 30.
3. Mostrar o resultado final.

Fim

Deve-se observar que esse algoritmo resolve apenas uma **instância particular do problema** das canetas. E para solucionar um **caso geral** tem-se o seguinte:

Compraram-se N canetas iguais, que foram pagas com uma nota de Z reais, obtendo-se Y reais como troco. Quanto custou cada caneta?

Na solução desse problema mais geral, utiliza-se a experiência que foi adquirida no problema particular e sintetizada pelo Algoritmo 1.6. Nesse caso, basta que sejam fornecidos os valores das variáveis N, Z e Y que a solução do problema será a mesma que a anterior e seu algoritmo pode ser descrito como no Algoritmo 1.7.

ALGORITMO 1.7 Algoritmo geral para solucionar o problema das canetas.

Início
1. Ler os valores de N, Y e Z.
2. Subtrair Y de Z e dividir o resultado por N.
3. Mostrar o resultado final.

Fim

No entanto, a proposta apresentada tem uma série de restrições: o que acontecerá se alguém pensar em comprar zero canetas? Ou −3 canetas, faz algum sentido? Para alguém que não possua a forma de interpretar os resultados, isto é possível. Suponha que alguém execute o Algoritmo 1.7 com os seguintes valores: $N = 10$, $Z = 10$ e $Y = 15$. O valor de cada caneta será de –R$ 0,50. Isto faz algum sentido?

Então é necessário que, para a solução geral apresentada pelo Algoritmo 1.7 ser realmente consistente, seja levada em consideração a precondição do problema em que o valor pago pelas canetas seja sempre maior que o troco recebido, que o valor pago e a quantidade de canetas sejam sempre maior que zero e que o troco seja maior ou igual a zero.

Em termos matemáticos, podem-se expressar essas condições como $Z > Y$, $N > 0$, $Z > 0$ e $Y \geq 0$. Se essas condições forem todas verdadeiras, então, aplica-se a fórmula conhecida e obtém-se o resultado. Caso contrário, o algoritmo deve terminar sinalizando, de alguma forma, a razão de seu fracasso. O algoritmo correto para a solução geral das canetas está apresentado pelo Algoritmo 1.8.

ALGORITMO 1.8 Algoritmo geral e correto para solucionar o problema das canetas.

Início
1. Ler os valores de N, Y e Z.
2. **Se** $Z > Y$ e $N > 0$ e $Y \geq 0$ e $Z > 0$ **Então**
3. Subtrair Y de Z e dividir o resultado por N.
4. Mostrar o resultado final.
5. **Senão**
6. Exibir a mensagem: "Erro: os valores são inconsistentes!".
7. **Fim Se**

Fim

Essa solução pode ser agora formalizada. Utilizando-se a notação de fluxogramas, ela poderia ser representada como exposta na Figura 1.9. É possível descobrir qual a função de todos os símbolos desse fluxograma ao compará-lo com o Algoritmo 1.8?

1.4.3 O PAPEL DA LÓGICA EM PROGRAMAÇÃO

Lógica é uma área da Matemática cujo objetivo é investigar a veracidade de suas proposições. Considere, por exemplo, o caso em que temos as seguintes proposições:

1. Se estiver chovendo, eu pegarei meu guarda-chuva.
2. Está chovendo.

O que se conclui dessas duas proposições? Parece que a conclusão óbvia é: "eu pegarei meu guarda-chuva".

Essa conclusão seguiu o fato de que existe uma *implicação lógica* na primeira proposição, a qual afirma que "se estiver chovendo" implica "eu pegarei meu guarda-chuva". Essa implicação age como uma "regra" que conduz à dedução do fato. Continuando, e se as proposições fossem:

1. Se estiver chovendo, eu pegarei meu guarda-chuva.
2. Eu peguei meu guarda-chuva.

O que se conclui? A conclusão poderia ser: "é plausível que esteja chovendo".[4]

Esses dois exemplos fornecem uma ideia, embora simplificada, do que a lógica se preocupa em estudar. Toda lógica proposta também deve ser formalizada em *elementos sintáticos* (especificam como escrever suas proposições) e *elementos semânticos* (avaliam o significado das proposições – suas interpretações). No caso da lógica clássica, o resultado da avaliação de suas proposições pode ser somente um entre dois valores: **VERDADEIRO** ou **FALSO**. Não se entrará em mais detalhes sobre essa formalização, pois esse assunto está além do escopo deste livro.

O papel da lógica em programação de computadores está relacionado com a correta sequência de instruções que devem ser definidas para que o programa atinja seu objetivo. Serve como instrumento para a verificação do programa escrito, provando se este está correto ou não.

Em um algoritmo em execução, o valor das suas variáveis a cada instante representa o seu **estado**. Com a execução dessas instruções, esse estado vai sendo alterado. Um algoritmo **correto** é aquele que, a partir de um **estado**

---
[4] Não se pode afirmar com precisão que está chovendo só porque você pegou seu guarda-chuva!

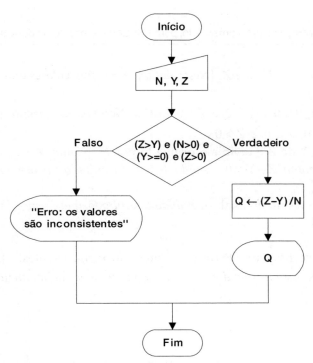

FIGURA 1.9 Fluxograma para resolver o problema das canetas.

inicial de suas variáveis, consegue, com a execução de suas instruções, chegar a um **estado final**, no qual os valores das variáveis estão de acordo com a solução esperada.

Voltando-se ao algoritmo geral para a solução do problema das canetas, podemos conferir sua solução analisando a lógica empregada em cada passo. Isso pode ser conferido pelo Algoritmo 1.9, que possui alguns comentários nas instruções.

No Algoritmo 1.9 provou-se, portanto, que a sua lógica está correta e que leva a resultados esperados. Se forem digitados os valores que atendam às condições do algoritmo, será calculado um valor. Caso contrário, será exibida uma mensagem de erro.

Este é, por conseguinte, o papel da lógica na programação: provar que um algoritmo que foi elaborado está correto. Juntamente com a simulação do algoritmo, que consiste em executá-lo com dados reais, é possível saber se ele está correto e se leva a valores consistentes.

ALGORITMO 1.9 Algoritmo correto, comentado, para solucionar o problema das canetas.

Início
1. Ler os valores de N, Y e Z. {*Nesse ponto, temos três valores quaisquer de N, Y e Z.*}
2. **Se** $Z > Y$ e $N > 0$ e $Y \geq 0$ e $Z > 0$ **Então** {*Nesse ponto, garante-se que $Z > Y$, $N > 0$, $Y \geq 0$ e $Z > 0$.*}
3.   Subtrair Y de Z e dividir o resultado por N. {*Como $Z > Y$, $Y \geq 0$ e $Z > 0$ então $Z - Y > 0$ e sendo $N > 0$, o resultado existe e é maior que zero.*}
4.   Mostrar o resultado final. {*É exibido o resultado, que existe e é maior que zero.*}
5. **Senão**
6.   Exibir a mensagem: "Erro: os valores são inconsistentes!". {*Nesse ponto, pelo menos uma das condições do problema não foi atendida.*}
7. **Fim Se**

Fim

1.5 COMO SE PORTAR EM UM CURSO DE COMPUTAÇÃO

O grande problema apresentado pelos estudantes em um primeiro curso de computação não são as linguagens de programação ou de descrição de algoritmos propriamente ditas, mas sim a dificuldade em abstrair e descrever as soluções de problemas contando apenas com poucas e simples estruturas.

    O que deve ser percebido é que o sucesso em um curso ou carreira de computação exige uma predisposição em se envolver com tarefas diretamente intelectuais. Um novo problema de computação pode ser gerado a partir de um já existente, alterando-se apenas poucos elementos do seu enunciado. Isso é facilmente percebido pelos exemplos do problema das Torres de Hanoi (Seção 1.2.2) e pelo problema das canetas (Seção 1.4.2).

    Dessa forma, é um **erro decorar** as soluções em computação, pois podem não servir para outros problemas, que com certeza serão diferentes. O que deve ser procurado é o **entendimento** de como foi obtida uma solução, armazená-la na memória[5] e então utilizar essa experiência adaptando-a

---
5 A sua, e não a do computador.

a outras situações, por **analogia, generalização** ou **especialização**. A grande dica é que um problema pode ser diferente de outro, mas consegue-se aproveitar grande parte da experiência obtida em problemas passados em novos desafios.

Não existe em computação uma "fórmula mágica" para resolver problemas. De qualquer forma, apresenta-se a seguir um conjunto de dicas que podem ser utilizadas durante o processo de raciocínio empregado na resolução de problemas:

1. Ao deparar com um problema novo, tente entendê-lo. Para auxiliar, pense no seguinte:
   - O que se deve descobrir ou calcular? Qual é o objetivo?
   - Quais são os dados disponíveis? São suficientes?
   - Quais as condições necessárias e suficientes para resolver o problema?
   - Faça um esboço informal de como ligar os dados com as condições.
   - Se possível, modele o problema de forma matemática.
2. Crie um plano com a solução:
   - Consulte sua memória e verifique se você já resolveu algum problema similar. A sua solução pode ser aproveitada por *analogia* quando o enunciado for diferente, mas a estrutura em si guarda similaridades; por *generalização*, quando se tem uma solução particular e deseja uma solução geral; por *especialização*, quando se conhece alguma solução geral que serve como base para uma em particular, ou ainda uma mistura das três técnicas anteriores.
   - Verifique se é necessário introduzir algum elemento novo no problema, como um problema auxiliar.
   - Se o problema for muito complicado, tente quebrá-lo em partes menores e solucionar essas partes.
   - É possível enxergar o problema de outra forma, de modo que seu entendimento se torne mais simples?
3. Formalize a solução:
   - Crie um algoritmo informal com passos que resolvam o problema.
   - Verifique se cada passo desse algoritmo está correto.
   - Escreva um algoritmo formalizado por meio de um fluxograma ou outra técnica de representação.
4. Exame dos resultados:
   - Teste o algoritmo com diversos dados de entrada e verifique os resultados (teste de mesa).

- Se o algoritmo não gerou resultado algum, o problema está na sua sintaxe e nos comandos utilizados. Volte e tente encontrar o erro.
- Se o algoritmo gerou resultados, estes estão corretos? Analise sua consistência.
- Se não estão corretos, alguma condição, operação ou ordem das operações está incorreta. Volte e tente encontrar o erro.
5. Otimização da solução:
    - É possível melhorar o algoritmo?
    - É possível reduzir o número de passos ou dados?
    - É possível conseguir uma solução ótima?

Finalizando este capítulo, os problemas de computação são verdadeiros projetos de Engenharia. Aqui se tem a oportunidade de analisar um problema, definir uma estratégia de solução e, por fim, criar um produto, que é o programa em si.

Os programas de computador obtidos não devem ser vistos como objetos isolados do mundo, e sim como ferramentas que são empregadas para auxiliar diversas áreas da atividade humana. Dessa forma, este livro utiliza uma abordagem multidisciplinar, na qual os conceitos de outras disciplinas da Engenharia, como cálculo, geometria analítica, física etc., são usados nos enunciados dos exercícios, e o objetivo é resolver problemas pertinentes à Engenharia utilizando o computador como sua ferramenta de trabalho.

1.6 EXERCÍCIOS

Segue um conjunto de exercícios de lógica que necessitam apenas de raciocínio e bom-senso para serem resolvidos. Tente resolvê-los à sua maneira, lembrando-se do que foi discutido neste capítulo. O modo de resolução é livre, mas podem ser utilizadas equações ou frases em português. Faça do seu jeito.

1.1. ☼ Descreva como descobrir a moeda falsa em um grupo de cinco moedas fazendo uso de uma balança analítica (sabe-se que a moeda falsa é mais leve que as outras) com o menor número de pesagens possível. Lembre-se de que sua descrição deve resolver o problema para qualquer situação.

> **Dica** É possível resolver com apenas duas pesagens.

1.2. � Idem ao anterior, porém só se sabe que a moeda falsa tem massa diferente. Para descobrir se ela é mais leve ou mais pesada que as outras, muda-se alguma coisa?

1.3. � Idem ao Exercício 1.1, porém com nove moedas.

1.4. � Têm-se três garrafas com formatos diferentes, uma cheia até a boca, com capacidade para oito litros e as outras duas vazias com capacidades para cinco e três litros, respectivamente. Deseja-se separar o conteúdo da primeira garrafa em duas quantidades iguais. Elabore uma rotina que consiga realizar a tarefa sem que se possa fazer medidas.

1.5. ☼ Um caramujo está na parede de um poço a cinco metros de sua borda. Tentando sair do poço, ele sobe três metros durante o dia, porém desce escorregando dois metros durante a noite. Quantos dias levará para o caramujo conseguir sair do poço?

1.6. ☼ Um tijolo "pesa" um quilo mais meio tijolo. Quantos quilos "pesa" um tijolo e meio?

1.7. � Você está em uma margem de um rio com três animais: uma galinha, um cachorro e uma raposa. Você só pode atravessar com um animal por vez e nunca poderá deixar a raposa e o cachorro sozinhos nem a raposa e a galinha. Descreva uma forma de conseguir atravessar os três animais obedecendo a essas condições.

1.8. � Você dispõe de uma balança precisa e dez sacos cheios de moedas idênticas na aparência, das quais todas as moedas de um dos sacos são falsas e de massa 1 g menor que as verdadeiras. Qual o menor número de pesagens necessárias para descobrir o saco de moedas falsas?

1.9. � A prova de que $2 = 1$. Considere $a = b = 1$:

$$a = b$$
$$ab = b^2$$
$$ab - a^2 = b^2 - a^2$$
$$a(b-a) = (b+a)(b-a)$$
$$a = \frac{(b+a)(b-a)}{(b-a)}$$
$$a = b + a$$
$$1 = 2 \quad \square$$

A matemática que você estudou até agora é válida? Então, onde está o erro na dedução anterior?

1.10. ☆ Considere o Algoritmo 1.10.

ALGORITMO 1.10 Algoritmo para o Exercício 1.10.

Início
1. Ler os valores de A e B
2. $C \leftarrow 0$
3. **Enquanto** $A > B$ **Faça**
4.   Subtraia B de A, coloque o resultado em A e some 1 em C
5. **Fim Enquanto**
6. Mostre os valores finais de C e de A

Fim

Execute essas instruções para os seguintes pares de números: 10 e 2, 6 e 2, 15 e 3. O que significa o valor final de C? E o valor final de A?

1.11. ☕ Dois amigos se encontraram em uma rua. Eles não se viam há alguns anos. Um dos amigos, aproveitando que o outro é um professor de Matemática, inicia o seguinte diálogo:
— Já que você é um professor de Matemática, vou lhe dar uma charada. Hoje meus três filhos celebram seus aniversários e eu gostaria que você adivinhasse suas idades.
— Ok — respondeu o professor. — Mas você precisa me dizer algo sobre eles!
— Bem, a primeira dica é que o produto de suas idades é 36.
— Hum... Só isso não dá para resolver. Preciso de mais alguma dica.
— A outra dica é que a soma de suas idades é igual ao número de janelas daquele edifício — responde apontando para um edifício próximo.
O matemático então responde: — Ainda necessito de mais uma ajuda.
— Bem, meu filho mais velho tem olhos azuis.
— Já sei quais são as idades — respondeu o matemático.

Seguindo o mesmo raciocínio do matemático deste exercício, descubra quais são as três idades dos filhos de seu amigo.

1.12. 🌧 Determine quais são os possíveis números (no intervalo fechado de 0 a 9) que se substituídos nos símbolos F, I, A, T torna a multiplicação a seguir verdadeira:

$$\begin{array}{r} IF \\ \times AT \\ \hline FIAT \end{array}$$

Os valores de F, I, A, T devem ser diferentes entre si.

CAPÍTULO 2 | # CONCEITOS DE COMPUTAÇÃO E COMPUTADORES

O estudo de algoritmos e de lógica de programação é facilitado com o conhecimento do funcionamento do computador e de como ele executa seus programas. O objetivo deste capítulo é discutir os conceitos básicos de computação e computadores, introduzindo conceitos importantes, tais como a organização básica de um computador, a forma como os dados e as instruções são armazenados e como as instruções são executadas. A aplicação desses conceitos será feita a partir do Capítulo 3 e se estenderá por todo o livro.

2.1 ORIGENS DA COMPUTAÇÃO

2.1.1 A NECESSIDADE DE CALCULAR

A capacidade do ser humano em realizar cálculos surgiu com sua habilidade de se comunicar com mais precisão. Inicialmente os primeiros humanoides comunicavam-se por um conjunto de grunhidos, tal como observado em outros animais. A evolução permitiu que houvesse um aprimoramento de suas capacidades cognitivas, levando dessa forma ao surgimento de vocabulários mais extensos e depois à elaboração de regras para a composição de frases com esses vocabulários. Assim surgiram as primeiras linguagens.

Acompanhando esse processo evolutivo, houve o aparecimento da escrita. A escrita permitiu o registro de informações importantes que poderiam ser compartilhadas com outros humanos, mesmo que seu autor estivesse ausente. De início, eram pinturas rupestres e marcas em cavernas e em ossos. Depois, apareceram os símbolos que representavam palavras utilizadas na comunicação. Por fim, houve o surgimento do alfabeto, permitindo que a capacidade de comunicação fosse estendida e simplificada, pois agora não seria mais necessário decorar um número muito grande de símbolos, já que cada palavra pode ser formada a partir de um pequeno alfabeto.

É nesse contexto evolutivo da comunicação humana que surge a necessidade de o homem realizar cálculos. Como o desenvolvimento da capacidade de comunicação é resultado direto do processo de desenvolvimento de raciocínio, o ser humano passou a ter necessidade de controlar e proteger suas atividades primárias. Essas atividades traduziam-se principalmente no registro de suas transações comerciais, como a contagem de rebanhos, a troca de moedas e a divisão de terras, bem como a elaboração de calendários para determinar as estações do ano para a agricultura.

2.1.2 O DESENVOLVIMENTO DE SISTEMAS DE NUMERAÇÃO

Para representar as quantidades envolvidas em computações foi necessário o desenvolvimento de sistemas de numeração. No caso do ser humano, o sistema mais evidente é o decimal, em razão do uso de todos os seus dedos para computar (ainda aprendemos assim!). Dessa forma, surgiu a palavra *digitus*, que, traduzindo do latim, significa **dedo**. Em português essa palavra é conhecida como **dígito**.

O sistema decimal emprega a base 10, isto é, cada dedo representa um número no intervalo de 1 a 10. A grande deficiência do sistema decimal empregando as mãos é a capacidade de representar grandes números. Algumas pessoas tentaram explorar esse limite, como o monge beneditino Beda (673-735), que desenvolveu um método que permitia a descrição de números até 10.000, de acordo com a posição dos dedos, e um método que possibilitava a contagem até 1.000.000 colocando a mão em várias partes do corpo.

Deve-se observar que nem sempre a base 10 foi utilizada por todos os povos. Os babilônios (2000 a.C.), por exemplo, empregavam o sistema sexagesimal (base 60), pois era baseado em um sistema de unidades de pesos e medidas adotado. Os maias ($\sim$ 0 a.C.) utilizavam um sistema vigesimal (base 20), que derivava da forma como calculavam seus calendários. Os gregos usavam um sistema misto, decimal e hexadecimal. Os romanos, um sistema decimal com símbolos especiais para os números 5, 50 e 500 etc.

Como se pode observar, a contagem utilizando apenas as mãos não é prática. Além do problema de representar grandes números, não é possível registrar os cálculos. Foi então necessário o desenvolvimento de símbolos para representar números escritos. Por exemplo, os egípcios (3500 a.C.) utilizavam um sistema de representação numérica com símbolos específicos para as potências de 10, como 1, 10, 100, 1.000, 10.000 etc. Nesse sistema, o número 1 era representado por um traço vertical; o número 10 por um osso de calcanhar invertido; o número 100, por um laço; o número 1.000 por uma flor de lótus; e o número 10.000 por um dedo dobrado. Esses símbolos estão indicados na Tabela 2.1.

TABELA 2.1 Alguns símbolos do sistema de numeração egípcio.

Número	Símbolo
1	/
10	∩
100	9
1.000	☽
10.000	ſ

Assim, um número como 23.523 primeiro deve ser decomposto em potências de 10 como $2\times10^4 + 3\times10^3 + 5\times10^2 + 2\times10^1 + 3\times10^0$. Daí, basta repetir o símbolo correspondente a cada potência de acordo com seu fator multiplicativo, conforme apontado na Figura 2.1.

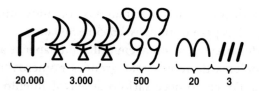

FIGURA 2.1 O número 23.523 em egípcio.

O sistema empregado pelos romanos era similar. Como já foi citado, eles usavam os símbolos para as potências de 10 e para os números 5, 50, 500 etc. A Tabela 2.2 exibe os símbolos de números utilizados pelos romanos.

TABELA 2.2 Símbolos do sistema de numeração romano.

Número	Símbolo
1	I
5	V
10	X
50	L
100	C
500	D
1.000	M
10.000	$\overline{X}$
100.000	$\overline{C}$
1.000.000	$\overline{M}$

Os números começando com 4 e 9 eram formados utilizando-se uma abreviação subtrativa, isto é, 9 igual a 10 menos 1, que em romano era escrito como *IX*, e 40 igual a 50 menos 10, escrito como *XL*. Seguindo esse raciocínio, um número como 1.979 era escrito assim: *MCMLXXIX*.

Esse tipo de sistema de numeração, embora superior ao uso dos dedos para fazer a contagem, apresenta ainda alguns problemas, como realizar multiplicações. Os romanos, por exemplo, utilizavam-se de um *ábaco* para efetuar as operações aritméticas.

Os primeiros ábacos de que se tem notícia datam de aproximadamente 1.000 anos antes de Cristo, e eram utilizados por babilônios e egípcios. O ábaco é uma placa contendo sulcos (ábaco romano) ou uma esquadria de madeira contendo arames (ábaco japonês ou *soroban*) em que pedrinhas podiam ser movidas, representando dígitos de um número, e que permitiam a realização de operações aritméticas (veja a Figura 2.2).

FIGURA 2.2 Um ábaco típico.

Foi com o uso de pedrinhas para auxiliar nas contagens que surgiu o termo cálculo. **Cálculo**, palavra que dá origem ao verbo calcular, deriva da palavra latina *calculus* e está relacionada com a palavra grega *chalix*, ambas significando pedrinha ou seixo, que foram os primeiros objetos a auxiliar o homem em seus cálculos. Por sua vez, a **computação** significa o ato ou o efeito de **computar**, que é um verbo que exprime o ato de fazer contagem, de contar ou calcular.

O uso do ábaco é bem simples. Cada pedrinha na parte superior vale 5 e na parte inferior vale 1. As colunas (sulcos ou arames) indicam, da direita para a esquerda, as unidades, dezenas, centenas, milhares etc. Um dígito em sua posição é representado pelo número de pedrinhas que são deslocadas (para cima ou para baixo, de acordo com a convenção adotada) da sua posição original. Por exemplo, a Figura 2.2 representa o número 23.516.

É possível realizar todas as operações aritméticas com um ábaco (algumas podem requerer "truques" particulares). A adição, a operação mais simples de executar com um ábaco, por exemplo, é feita da seguinte forma: primeiro, representa-se no ábaco o primeiro operando, da forma descrita anteriormente.

Depois, sem apagar o primeiro operando, representa-se da mesma forma o segundo operando. Quando ocorre o estouro de uma coluna, é colocado o "vai um" necessário na próxima. Interpretando o estado final do ábaco, tem-se o resultado.

O problema da utilização do ábaco é que cada passo apaga o precedente, de modo que para se verificar um resultado é necessário refazer o cálculo. No entanto, esse instrumento ainda é muito popular no Japão, onde, em 1946, foi utilizado para derrotar uma calculadora elétrica em uma competição.

Um sistema de numeração próximo ao que se utiliza atualmente foi inventado pelos chineses. Esse sistema emprega a posição dos números para indicar seu valor. Os chineses contavam os números de 1 a 9, representando-os por palitos convenientemente arranjados, conforme exibido na Tabela 2.3.

TABELA 2.3 Símbolos do sistema de numeração chinês.

Número	Símbolo
1	|
2	||
3	|||
4	||||
5	|||||
6	T
7	TT
8	TTT
9	TTTT

Os chineses realizavam as operações aritméticas com esses símbolos, colocando os palitos que representam os dígitos em um tabuleiro denominado *suan-phan*. Nesse tabuleiro, uma casa vazia representava 0 (ainda não havia o conceito de 0) e os palitos significando os dígitos eram colocados nas casas de acordo com a posição desse dígito no número. Por exemplo, a soma de 62.014 com 74.158 em um *suan-phan* é representada pela Figura 2.3.

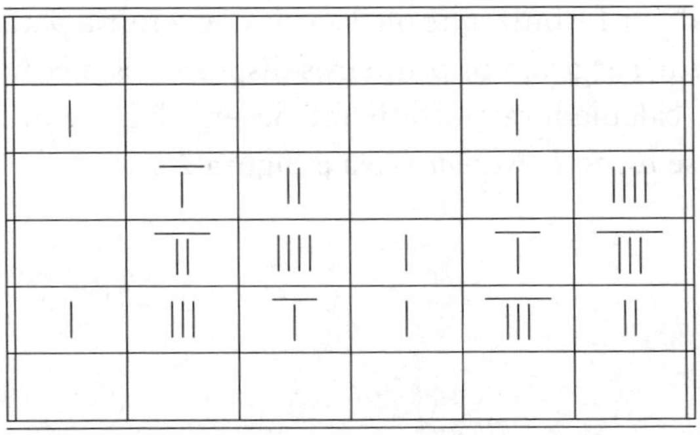

		l			l	
	T	ll		l	llll
	ll	llll	l		T	lll
l	lll	T		l	lll	ll

FIGURA 2.3 O uso do *suan-phan* chinês.

Nessa figura, os números 62.014 e 74.168 estão representados respectivamente na terceira e na quarta linhas. Na quinta linha tem-se o resultado (136.182) e, na segunda, aparecem os "vai um" da soma.

Por fim, é importante mencionar a contribuição da Índia no desenvolvimento dos sistemas de numeração. Foram os hindus que primeiro registraram os cálculos em papéis (650 d.C.) e inventaram o símbolo para o zero em sua escrita. O uso do zero permitiu que os cálculos pudessem ser representados no papel sem a necessidade de deixar um espaço em branco.

A matemática hindu foi levada pelos árabes, que a disseminaram pelo Ocidente até a Espanha. Os árabes foram os responsáveis também pela representação numérica que se utiliza atualmente, com a criação do *algarismo*, da *tabuada* e da *álgebra*. Algarismo é uma palavra derivada do nome do matemático *Al-Khwarizmi*.[1] Com as Cruzadas foi possível introduzir esses conhecimentos no mundo ocidental, os quais são utilizados até hoje.

---

1 A palavra algoritmo também deriva do seu nome.

2.2 A EVOLUÇÃO DOS COMPUTADORES

2.2.1 GERAÇÃO ZERO – COMPUTADORES PURAMENTE MECÂNICOS

Com o Iluminismo (século XVIII), principalmente após o surgimento do cálculo diferencial por Newton e Leibniz e da tentativa de definir uma linguagem matemática universal por Leibniz, que mais tarde convergiria para o que se conhece por *lógica simbólica*, surgiram os primeiros dispositivos mecânicos de cálculo.

A primeira calculadora portátil foi desenvolvida por John Napier em 1612 e chamava-se *ossos de Napier* (veja a Figura 2.4).

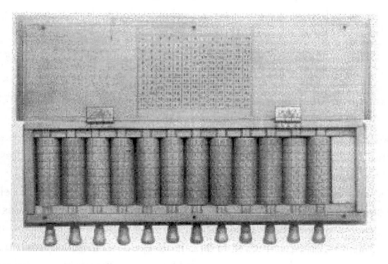

FIGURA 2.4 Os ossos de Napier.

Os ossos de Napier eram na verdade um conjunto de bastões para realizar as multiplicações por meio de adições. Cada bastão continha a tabuada de um número e a multiplicação de um número x por um número y era realizada consultando-se a x-ésima linha do bastão correspondente ao número y. Por exemplo, para multiplicar o número 3 por 849 bastava procurar na terceira linha dos bastões correspondentes aos números 8, 4 e 9 o valor do resultado das multiplicações, deslocar à esquerda os valores encontrados de acordo com a sua posição no número (sua potência de dez) e então somar os resultados, conforme indicado na Figura 2.5. Assim, o valor de 3×849 é dado pela soma $2.400 + 120 + 27$, ou seja, 2.547.

Cap. 2 CONCEITOS DE COMPUTAÇÃO E COMPUTADORES • 37

Índice	8	4	9
1	0/8	0/4	0/9
2	1/6	0/8	1/8
3	2/4	1/2	2/7
4	3/2	1/6	3/6
5	4/0	2/0	4/5
6	4/8	2/4	5/4
7	5/6	2/8	6/3
8	6/4	3/2	7/2
9	7/2	3/6	8/1

FIGURA 2.5 Exemplo de utilização dos ossos de Napier.

Napier ainda foi o primeiro a escrever números com o símbolo de ponto como separador decimal e, mais importante, criou o conceito de *logaritmo*. William Oughtred, em 1622, deu origem, a partir de conceitos dos ossos de Napier, à primeira régua de cálculo.

Em 1642, o matemático Blaise Pascal criou uma máquina de somar, a *Pascaline*, inicialmente para auxiliar nos negócios de seu pai. A adição era realizada com o auxílio de engrenagens que giravam de acordo com um seletor de disco que permitia escolher um dígito desejado (veja a Figura 2.6).

FIGURA 2.6 A *Pascaline* de Pascal.

O resultado era apresentado em um visor mecânico, acima dos seletores. Em 1673, utilizando uma engrenagem cilíndrica de passo, Leibniz inventou uma máquina que conseguia fazer multiplicações, por somas sucessivas que eram automaticamente realizadas pelas engrenagens.

Outro fator histórico que contribuiu para o desenvolvimento de dispositivos automáticos de cálculo foi a Revolução Industrial. Nesse contexto, destaca-se inicialmente Joseph-Marie Jacquard, que em 1801, na França, inventou uma máquina de tear automática (veja a Figura 2.7) cujos padrões eram fornecidos por cartões perfurados.

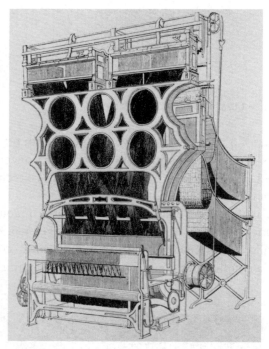

FIGURA 2.7 O tear automático de Jacquard.

Charles Babbage, em 1822, na Inglaterra, começou a projetar uma máquina a vapor programável, a *máquina de diferenças*, para realizar os cálculos de tabelas de navegação, que apresentavam sérias discrepâncias nas operações (veja a Figura 2.8).

A máquina de diferenças era capaz de realizar somente as adições. No entanto, os cálculos mais sofisticados, como a geração de tabelas de polinômios, podiam ser feitos com o auxílio da técnica de diferenças finitas e utilizando um conjunto finito de posições de memória dessa máquina.

Dez anos depois, Babbage pensou em generalizar o conceito de sua máquina de diferenças para suportar a realização de qualquer tipo de cálculo, mesmo que ela não tivesse sido construída especificamente para isso. Denominada *máquina analítica*, tinha como princípio básico a programação: utilizando o conceito de cartões perfurados de Jacquard, a máquina seria alimentada com cartões contendo instruções e dados que seriam, então, processados por ela. Foi com esse projeto que Babbage ficou conhecido como o pai da computação.

FIGURA 2.8   A máquina de diferenças de Babbage.

Apesar de a máquina analítica de Babbage não ter sido concluída por descrédito de seus financiadores, a grande colaboradora de Babbage, Ada Augusta King, a condessa de Lovelace, além de ter traduzido o projeto conceitual da máquina para a língua inglesa, propôs programas de exemplo e ainda discutiu técnicas de programação para aquela máquina. Ada Augusta tornou-se, então, a primeira programadora do mundo.

Outra contribuição contemporânea, mas de caráter matemático, foi o desenvolvimento de um sistema de lógica simbólica e de raciocínio feito por George Boole, em 1854. A *lógica booleana*, como ficou conhecida, é até hoje usada para o projeto de circuitos digitais utilizados nos computadores.

Chegando próximo ao século XX, em 1890, o norte-americano Hermann Hollerith projetou um equipamento para auxiliar na realização do censo daquele ano. A máquina, chamada *tabulador eletromecânico*, processava automaticamente cartões perfurados, permitindo assim a contagem do número de habitantes (veja a Figura 2.9).

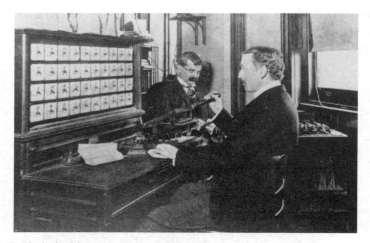

FIGURA 2.9 O tabulador eletromecânico de Hollerith.

A partir dessa máquina, surge o nome *processamento de dados*. Com o sucesso de sua máquina, Hollerith funda a companhia CTR (Computing-Tabulating-Recording), que, em 1924, passa a se chamar *International Business Machine* ou apenas IBM.

2.2.2 PRIMEIRA GERAÇÃO – COMPUTADORES A VÁLVULA E RELÉ

Os primeiros computadores eletrônicos começam a surgir na década de 1930. Entre 1935 e 1938, Konrad Zuse, em Berlim, projetou e construiu uma série de máquinas eletromecânicas baseadas em relés. Relé é um dispositivo que, se excitado por uma corrente elétrica, é capaz de fechar um contato, servindo assim como uma chave "liga-desliga". As máquinas reconhecidas como *Z-1, Z-2, Z-3* e *Z-4* (veja a Figura 2.10) só foram conhecidas fora da Alemanha após o término da Segunda Guerra Mundial. Essas máquinas utilizavam aritmética binária e já apresentavam uma organização interna similar à dos computadores modernos.

FIGURA 2.10 O computador Z-1 de Zuse.

Paralelamente, nos Estados Unidos, entre 1936 e 1939, John Vincent Atanasoff e John Berry desenvolveram uma máquina baseada em válvulas, denominada *ABC*, com o propósito de resolver conjuntos de equações lineares da Física (Figura 2.11).

FIGURA 2.11 O computador ABC de Atanasoff e Berry.

A válvula é um dispositivo puramente eletrônico que, como o relé, funciona como uma chave, porém com velocidade dez mil vezes mais rápida. Da mesma forma que as máquinas de Zuse, a máquina ABC apresentava alguns conceitos encontrados em computadores modernos, como uma unidade aritmética e outra de memória regenerativa, e operava com aritmética binária.

Nessa época, uma grande contribuição teórica foi dada pelo matemático inglês Alan Turing. Ele definiu o conceito intitulado *Máquina Universal de Turing*, estabelecendo um dispositivo teórico capaz de executar qualquer algoritmo descrito, definindo assim as bases para o estudo da computabilidade: um algoritmo computável é aquele que pode ser executado por uma máquina de Turing.

No período da Segunda Guerra Mundial, o computador torna-se uma ferramenta necessária para auxiliar no cálculo de tabelas de balística para canhões navais e artilharia antiaérea. Nos Estados Unidos, destaca-se nesse período o computador eletromecânico Harvard Mark-1 de 1944 (veja a Figura 2.12), concebido por Howard Aiken e implementado pela IBM como ASCC (Automatic Sequence Control Calculator).

FIGURA 2.12 O computador Harvard Mark-1 de Aiken.

Essa máquina não possuía o conceito de programa armazenado: o programa era "carregado" por meio de uma fita perfurada executando as instruções durante sua leitura. Ocupava 120 m², continha milhares de relés e conseguia multiplicar números de dez dígitos em três segundos.

Na Inglaterra, outro grande problema era a decifração de códigos secretos alemães. Um projeto secreto de computador denominado *Colossus* (veja a Figura 2.13) foi desenvolvido entre 1940 e 1944 com o intuito de auxiliar na quebra de códigos da máquina alemã Enigma e foi revelado somente em 1970.

FIGURA 2.13   O computador britânico Colossus.

Em 1946 é apresentado o computador Eniac (Electronic Numeric Integrator and Calculator), cujo desenvolvimento se iniciou em 1943, liderado por J. Presper Eckert e John Mauchly (veja a Figura 2.14).

FIGURA 2.14   O computador Eniac.

O Eniac continha 18 mil válvulas, pesava 30 toneladas e era capaz de realizar 5 mil adições e subtrações e 300 multiplicações por segundo. Possuía uma memória pequena e seus programas eram configurados por cabos, o que tornava complexa a tarefa de programar essa máquina.

Em 1945, nos Estados Unidos, o matemático húngaro John von Neumann, consultor do projeto Eniac, propôs uma arquitetura que seria seguida por todas as gerações de computadores (mais detalhes na Seção 2.4). Ele propôs o conceito de *programa armazenado*, ou seja, a memória do computador armazenaria tanto as instruções a serem executadas quanto os dados a serem processados. Dessa forma, as instruções poderiam ser facilmente modificadas sem a necessidade de alterar as ligações com os cabos ou outros dispositivos. Outro benefício desse conceito é que tanto as instruções quanto os dados seriam armazenados segundo uma única representação, de modo que as instruções seriam executadas da mesma forma que os dados, permitindo, assim, modificações automáticas dessas instruções.

Essa arquitetura dividia o computador em *unidade central de processamento*, *memória principal* e *dispositivos de entrada e saída*, e ficou conhecida como *arquitetura de Von Neumann*, sendo utilizada inicialmente no computador Edvac (Electronic Discrete Variable Computer), que se tornou operacional em 1951 (veja a Figura 2.15), no computador IAS (Institute for Advanced Study, da Universidade de Princeton), de 1952 (veja a Figura 2.16), e no computador Edsac (Electronic Delay Storage Automatic Calculator) da Universidade de Cambridge, em 1949 (veja a Figura 2.17).

FIGURA 2.15 O computador Edvac.

FIGURA 2.16 John von Neumann e o computador IAS.

FIGURA 2.17 O computador Edsac.

Esses desenvolvimentos desencadearam, no início dos anos 1950, a criação de outros computadores com a arquitetura de Von Neumann. Destes, o primeiro computador que obteve sucesso comercial nessa época foi o Univac (Universal Automatic Computer), de 1951 (veja a Figura 2.18).

FIGURA 2.18 O computador Univac.

Em vez de válvulas, o Univac empregava diodos de cristal, que tornavam sua velocidade superior à dos contemporâneos valvulados. Além disso, foi o primeiro computador a contar com unidades de equipamentos periféricos independentes, como teletipos e impressoras, além de uma sofisticada unidade de armazenamento em fita.

A IBM demorou um pouco mais para lançar outros computadores após o ASCC. Em 1953, a empresa lançou o modelo 701 para processamento científico.

Em 1956, o modelo 704, que tinha o dobro de memória do 701 e contava com hardware para realização de cálculos com ponto flutuante, e, em 1958, seu último computador valvulado, o modelo 709, similar ao 704 (veja a Figura 2.19).

FIGURA 2.19   O computador IBM 709.

2.2.3 SEGUNDA GERAÇÃO – COMPUTADORES TRANSISTORIZADOS

Com a invenção do *transistor* em 1947 por William Shockley, John Bardeen e Walter Brattain, foi possível revolucionar a construção de computadores, oferecendo mais confiabilidade e velocidade do que as válvulas. Transistor é um dispositivo semicondutor, isto é, conduz corrente elétrica de acordo com uma tensão aplicada e por isso pode ser utilizado como uma chave, como a válvula e o relé. Em comparação com a válvula e o relé, o transistor é mais confiável, menor e mais rápido. No entanto, essa tecnologia demoraria dez anos até figurar em um computador.

O primeiro computador transistorizado da história foi o *TX-0*, construído no Massachusetts Institute of Technology, em 1957, para servir como base de testes para o computador *TX-2*. Apesar de o *TX-2* não ter obtido êxito, um engenheiro do MIT, chamado Ken Olsen, fundou uma companhia para manufaturar uma versão comercial do *TX-0*, a DEC (Digital Equipment Company), que, em 1961, lançou o PDP-1, o primeiro minicomputador comercial. O sucesso do PDP-1 fez que a DEC lançasse o PDP-8 em 1965 e depois outras famílias baseadas nesse modelo até 1990.

Cap. 2   CONCEITOS DE COMPUTAÇÃO E COMPUTADORES   ▪ **47**

A IBM, por sua vez, lançou os modelos 7090 e 7094, que eram as versões transistorizadas baseadas no modelo 709. Apesar de serem muito mais rápidos que seu contemporâneo da DEC, o PDP-1, eram muito mais caros. A IBM então criou o modelo 1401, mais barato e tão rápido quanto os modelos 7090 e 7094, sendo destinado principalmente a aplicações comerciais (veja a Figura 2.20).

FIGURA 2.20   O computador IBM 1401.

O ápice dos computadores transistorizados foi o CDC-6600, um supercomputador criado pela CDC (Control Data Corporation) em 1964 (veja a Figura 2.21).

FIGURA 2.21   O computador CDC-6600.

O CDC-6600 distinguia-se dos demais de sua época por descarregar o processamento da CPU pelo uso de pequenos computadores auxiliares que tratavam de outras tarefas, como entrada e saída de dados e gerenciamento de tarefas de forma paralela. Assim, conseguia executar até dez instruções simultaneamente.

2.2.4 TERCEIRA GERAÇÃO – COMPUTADORES COM CIRCUITOS INTEGRADOS

A evolução natural do transistor foi o surgimento do circuito integrado em 1958, criado por Robert Noyce. Um circuito integrado pode conter dezenas de transistores, executando desde funções lógicas simples até as funções mais complexas. A vantagem está no pequeno espaço ocupado, robustez a interferências elétricas e baixo consumo.

A pioneira no uso de circuitos integrados em computadores foi a IBM, que estabeleceu uma linha de computadores – o sistema 360 – para substituir os tipos 7094 e 1401 (veja a Figura 2.22).

FIGURA 2.22   O computador IBM 360.

O sistema 360 era vendido em diversos modelos para atender às exigências de custo e desempenho e foi lançado em 1965. Foi o primeiro computador de propósito geral produzido, atendendo tanto ao processamento científico quanto comercial, e as versões posteriores baseadas nessa arquitetura são utilizadas até hoje.

O primeiro minicomputador com circuitos integrados foi o PDP-11 da DEC, uma evolução do PDP-8. Essa máquina obteve um grande sucesso de vendas, sendo adotada principalmente por universidades.

2.2.5 QUARTA GERAÇÃO – COMPUTADORES COM *CHIPS* VLSI

A quarta geração é marcada pelos microprocessadores. Microprocessador é um dispositivo eletrônico encapsulado em um *chip* que possui internamente uma unidade de controle, uma unidade lógico-aritmética e uma memória interna, englobando as unidades funcionais básicas de um computador (leia a Seção 2.4). O primeiro microprocessador que surgiu foi o Intel 4004, de 1971, originalmente desenvolvido para uma empresa japonesa de calculadoras. O Intel 4004 era um microprocessador de 4 bits, isto é, poderia utilizar até 2^4 posições de memória.

Rapidamente a Intel percebeu que o 4004 poderia ser usado em outros projetos e então decidiu lançar um microprocessador mais poderoso, o 8008, de 1972. Foi com esse microprocessador que surgiu o primeiro microcomputador do mundo, na França, o *Micral*, de 1973, que não obteve êxito. O Micral era programado diretamente com números binários, não possuindo nenhum periférico de entrada ou saída. As versões posteriores contavam com um software montador (*assembler*) desenvolvido por Philippe Kahn, que mais tarde fundaria a Borland International.

Com a popularização do microprocessador, surgiram diversos *kits* que podiam ser comprados em lojas e montados em casa. O mais famoso desses foi o *Altair 8800*, que, em 1974, era vendido por US$ 439 e também utilizava o microprocessador Intel 8080, uma evolução do 8008. Da mesma forma que o Micral, não possuía periféricos de entrada nem de saída, mas contou depois com um interpretador Basic, escrito por Bill Gates e Paul Allen, de uma pequena empresa (na época) denominada Microsoft. Surgiram, assim, os primeiros microcomputadores.

Outras empresas também começaram a construir seus microprocessadores. Em 1974 é fundada a Zilog, que lança o seu microprocessador Z-80 para concorrer com a Intel. O Z-80 foi utilizado em diversos microcomputadores de sucesso, por exemplo, o TRS-80 da Radio Shack. A Motorola, por sua vez, lançou nessa época o microprocessador 6500, que foi melhorado por outra companhia, a MOS Technology, lançando o 6502. Este microprocessador 6502 foi usado por Steve Wozniak e Steve Jobs no primeiro microcomputador de sucesso de sua empresa, a Apple Computer: o Apple II de 1976. O Apple II foi o sucessor do Apple I, que em 1975 já usava um monitor de TV como dispositivo de saída, um teclado para efetuar a entrada de dados e uma unidade de cassete para armazenar programas e dados. Foi para o Apple II que foram escritos os primeiros softwares utilitários para um microcomputador: a planilha Visicalc e o editor de textos Wordstar.

Em 1981, a IBM decidiu investir em microcomputadores com o lançamento do IBM-PC (Personal Computer). Em vez de desenvolver todo o projeto, a IBM resolveu montá-lo a partir de peças e software fornecidos por terceiros e ainda disponibilizou todo o seu projeto para empresas interessadas nele. O primeiro PC era baseado no microprocessador Intel 8088, de 16 bits e velocidade de *clock* de 4,77 MHz. Possuía 16 K de memória RAM padrão, expansível até 256 K, um ou dois acionadores de disquete de 160 K e monitor opcional. O preço inicial era de US$ 1.565, correspondente a aproximadamente US$ 4 mil atualmente. A disponibilidade do projeto do PC fez que outros fabricantes iniciassem a construção massiva de PCs, o que tornou esse equipamento popular e mais vendido até hoje, embora possua concorrentes à altura ou mesmo superiores.

A tecnologia VLSI (Very Large Scale Integration), que surgiu na década de 1980, permitiu que milhões de transistores pudessem ser encapsulados em uma única pastilha, também denominada *chip*. Dessa forma, foi possível criar pastilhas mais complexas e poderosas, reduzindo ainda mais o tamanho dos computadores e aumentando sua velocidade e processamento. Assim, a Intel ampliou sua família de microprocessadores, lançando depois do Intel 8088 os microprocessadores Intel 80286, Intel 386, Intel 486, Pentium, Pentium MMX, Pentium II, Pentium III e então o Pentium IV, sendo que o projeto deste último, após diversas atualizações e modificações, vem servindo de base para os *chips* atuais da Intel.

É claro que não se deve esquecer do outro grande concorrente do IBM-PC, o Apple Macintosh. A Apple, apesar de ter sido a pioneira na popularização dos microcomputadores, perdeu a liderança assim que a IBM abriu o projeto de seu IBM-PC. O Apple II original foi substituído pelo Macintosh em 1984, que, depois de sucessivas versões, se tornou uma família de máquinas, abrangendo desde *notebooks* até máquinas poderosas para o trabalho em rede. A linha Macintosh atual da Apple também é baseada nos *chips* Intel.

2.3 A REPRESENTAÇÃO DA INFORMAÇÃO EM UM COMPUTADOR

2.3.1 A ELETRÔNICA DIGITAL DO COMPUTADOR

Os circuitos eletrônicos de um computador moderno operam com sinais de dois níveis distintos ou *binários*. A razão de utilizar circuitos que operam sob a forma binária e não decimal está no fato de que essa solução é simples e de baixo custo de implementação. Além disso, com circuitos digitais binários e utilizando-se os resultados da *lógica booleana* (veremos sua aplicação em programação no Capítulo 3), é possível implementar em hardware qualquer tipo de função lógica, permitindo, assim, a construção de diversos tipos de circuitos empregados em um computador, como registradores, memórias, microcontroladores e o próprio microprocessador.

O ingrediente básico das pastilhas (*chips*) utilizadas no projeto dos circuitos do computador e que permite o chaveamento entre dois níveis lógicos é o *transistor*, um componente eletrônico criado a partir de um material *semicondutor*, isto é, possui a propriedade de conduzir a corrente elétrica somente após uma tensão conveniente ter sido aplicada em seus terminais. Dessa maneira, uma das aplicações do transistor é servir como uma chave "liga-desliga", conforme ilustrado na Figura 2.23.

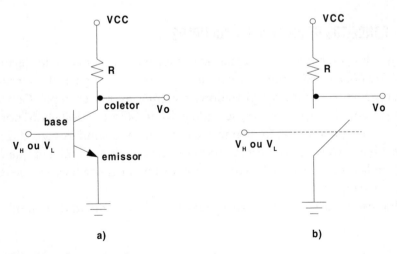

FIGURA 2.23 O transistor como chave.

Nessa figura, em (a) o transistor é representado por um dispositivo de três terminais, conhecidos como *coletor*, *base* e *emissor*. Ao aplicar uma tensão alta (V_H) em sua base, o transistor permite a condução de corrente elétrica entre o coletor e o emissor, fechando o circuito e produzindo como saída (V_O) uma tensão próxima de zero. Por outro lado, se for aplicada em sua base uma tensão convenientemente baixa ($V_L < V_H$), permitirá a passagem de uma corrente elétrica muito baixa entre os terminais coletor-emissor que, para fins práticos, se comporta como um circuito aberto.

Esse funcionamento pode ser descrito de forma simplificada como em (b) da Figura 2.23. Nesse caso, o transistor é representado por uma chave controlada por tensão: se a tensão de entrada for alta, a resposta será um nível baixo; e se a tensão de entrada for baixa, a resposta será um nível alto. Convencionou-se chamar de nível alto o símbolo 1 e de nível baixo, 0. Esse exemplo ainda demonstra uma função lógica, o *inversor*: se a entrada for 1, a saída será 0; se a entrada for 0, a saída será 1.

Outras funções lógicas podem ser definidas da mesma forma, agrupando os transistores de forma conveniente. Não se intenciona aqui prolongar mais esse assunto. De qualquer maneira, lembre-se de que todos os dados armazenados e processados em um computador são traduzidos em sinais elétricos binários, ou seja, em um conjunto finito de 0s e 1s. Isso conduz ao conceito de *bit*.

2.3.2 CONCEITOS DE BITS E SEUS MÚLTIPLOS

A palavra bit[2], ou *binary digit*, representa de forma lógica um estado "ligado/desligado" ou *binário* existente em dispositivos eletrônicos digitais dos circuitos de um computador, como em registradores e memórias, por exemplo. Convenciona-se que um bit "ligado" é representado pelo símbolo 1 e "desligado" por zero.

O uso e a manipulação de números binários são similares aos dos números decimais. Aplica-se o mesmo conceito do sistema decimal, em que a posição de cada dígito de um número representa a potência da base (nesse caso, 2) que ele está figurado.

Por exemplo, o número 10101_2 binário pode ser entendido como:[3]

---

[2] A palavra bit, na realidade, surgiu na teoria matemática da informação, significando uma unidade básica de informação cuja incerteza é de 50%.
[3] Para separar números binários de decimais, anota-se um índice indicando qual é sua base, 2 ou 10.

$$10101_2 = 1 \times 2^4 + 0 \times 2^3 + 1 \times 2^2 + 0 \times 2^1 + 1 \times 2^0 = 21_{10}$$

Dessa forma, o número binário 10101_2 corresponde ao número decimal 21_{10}. De forma semelhante, pode-se converter um número decimal em binário dividindo esse número sucessivamente por dois até que o quociente seja zero. O número binário correspondente é obtido lendo-se os restos das divisões, da última para a primeira. Por exemplo, para converter o número 25_{10} em seu correspondente binário, utilizamos a seguinte sequência de operações:

```
 25  | 2
-24    12  | 2
  1   -12    6  | 2
         0   -6    3  | 2
                0   -2    1  | 2
                       1   -0    0
                              1
```

Assim, o número binário correspondente ao decimal 25_{10} é 11001_2 (confira).

Embora a unidade fundamental de informação do computador seja o bit, na prática utilizamos seus múltiplos, como o **byte**. Um byte representa o mesmo que oito bits, e para fins de programação é o menor dado que se pode manipular diretamente. Os múltiplos do byte também são utilizados para representar as quantidades manipuladas e, geralmente, são o **quilobyte** (KB), o **megabyte** (MB) e o **gigabyte** (GB). Note que essas quantidades não são potências de dez, e sim de dois, conforme ilustrado na Tabela 2.4.

TABELA 2.4 Os múltiplos do byte.

Nome	Valor
Quilobyte (KB)	1.024(2^{10}) bytes
Megabyte (MB)	1.048.576(2^{20}) bytes
Gigabyte (GB)	1.073.741.824 (2^{30}) bytes

Os tipos de informação manipulados pelo computador durante a execução de um programa são os dados e as instruções que operam sobre esses dados.

Na memória são sempre representados por bits. Entre os tipos de dados mais conhecidos temos os *caracteres*, as *cadeias de caracteres*, as *imagens* e os *sons* que serão discutidos nas seções a seguir. A representação binária das instruções é assunto da Seção 2.4.

2.3.3 CARACTERES E CADEIAS DE CARACTERES

Os caracteres são símbolos digitados pelo usuário durante a execução de seu programa ou que ainda podem ser constantes presentes no texto do programa. Envolvem as letras maiúsculas e minúsculas (A, B, C, ..., Z, a, b, c, ..., z), os números decimais (0, 1, 2, 3, 4, 5, 6, 7, 8, 9), símbolos especiais e de operação [+, –, *, /, SP (espaço), ", # etc.] e símbolos de controle [DEL (apagar), EOF (fim de arquivo), CR (retorno de carro) etc.] que não são visíveis na tela, mas que sinalizam alguma operação realizada no computador.

No texto, para diferenciar um caractere de uma variável, o caractere será denotado pelo símbolo que o representa delimitado por *apóstrofes*, como, por exemplo, o caractere 'A', o caractere 'a', o caractere '1', e assim por diante.

É importante observar que o caractere '1' não representa o mesmo que o número inteiro 1. O anterior representa o símbolo '1', que foi, por exemplo, digitado pelo usuário em um programa, enquanto o último representa um número inteiro que pode ser manipulado em operações aritméticas. Os caracteres são representados como números binários dentro do computador por meio de uma *tabela de caracteres*, que codifica os caracteres em números binários apropriados. Existem dois grandes sistemas para representar os conjuntos de caracteres: o EBCDIC (*Extended Binary Coded Decimal Interchange Code*) e o ASCII (*American Standard Code for Information Interchange*). O EBCDIC surgiu com o lançamento do computador IBM-360 na década de 1960, e o ASCII foi definido para ser um padrão para a indústria de computadores e é o mais utilizado atualmente, em virtude de sua adoção pelos fabricantes de microcomputadores.

O conjunto de códigos ASCII original (128 símbolos) está descrito na Tabela 2.5. Para facilitar sua compreensão, os códigos dos caracteres estão representados apenas na base decimal.

Observe que, a partir dessa tabela, o código do caractere 'A' é 65, do caractere 'a', 97, e que as letras tanto maiúsculas quanto minúsculas estão representadas de forma contígua, isto é, o código de 'B' é 66, de 'b', 98, e assim por diante. Nessa tabela, percebe-se, também, a diferença entre o caractere '1' do número inteiro 1: o anterior vale 49_{10} (ou 110001_2) e o último é o próprio inteiro 1_{10} (ou 1_2).

Cap. 2 CONCEITOS DE COMPUTAÇÃO E COMPUTADORES ▪ 55

As cadeias de caracteres representam uma sequência de caracteres que em um programa podem representar mensagens e textos. Uma cadeia de caracteres é também conhecida como *string*, que, traduzido do inglês, significa *sequência de elementos*. Na memória do computador, uma cadeia de caracteres é representada pela sequência correspondente de seus códigos binários.

TABELA 2.5 A tabela de códigos ASCII.

Decimal	Caractere	Decimal	Caractere	Decimal	Caractere	Decimal	Caractere
0	NUL	32	␣	64	@	96	`
1	SOH	33	!	65	A	97	a
2	STX	34	"	66	B	98	b
3	ETX	35	#	67	C	99	c
4	EOT	36	$	68	D	100	d
5	ENQ	37	%	69	E	101	e
6	ACK	38	&	70	F	102	f
7	BEL	39	'	71	G	103	g
8	BS	40	(	72	H	104	h
9	HT	41	)	73	I	105	i
10	LF	42	*	74	J	106	j
11	VT	43	+	75	K	107	k
12	FF	44	,	76	L	108	l
13	CR	45	-	77	M	109	m
14	SO	46	.	78	N	110	n
15	SI	47	/	79	O	111	o
16	DLE	48	0	80	P	112	p
17	DC1	49	1	81	Q	113	q
18	DC2	50	2	82	R	114	r
19	DC3	51	3	83	S	115	s
20	DC4	52	4	84	T	116	t
21	NAK	53	5	85	U	117	u
22	SYN	54	6	86	V	118	v
23	ETB	55	7	87	W	119	w
24	CAN	56	8	88	X	120	x
25	EM	57	9	89	Y	121	y
26	SUB	58	:	90	Z	122	z
27	ESC	59	;	91	[	123	{
28	FS	60	<	92	\	124	|
29	GS	61	=	93	]	125	}
30	RS	62	>	94	^	126	~
31	US	63	?	95	_	127	DEL

Considere, por exemplo, a cadeia de caracteres:

A␣arte␣de␣programar.

Aqui o espaço em branco está escrito como ␣ para melhor visualização. Na memória do computador, essa cadeia de caracteres seria representada por números binários conforme a Tabela 2.6.

TABELA 2.6 Codificação de uma cadeia de caracteres.

Caractere	A	␣	a	r	t
Decimal	65	32	97	114	116
Binário	01000001	00100000	01100001	01110010	01110100

Caractere	e	␣	d	e	␣
Decimal	101	32	100	101	32
Binário	01100101	00100000	01100100	01100101	00100000

Caractere	p	r	o	g	r
Decimal	112	114	111	103	114
Binário	01110000	01110010	01101111	01100111	01110010

Caractere	a	m	a	r	.
Decimal	97	109	97	114	46
Binário	01100001	01101101	01100001	01110010	00101110

Note que a representação binária dos caracteres desse exemplo ocupa sempre oito bits. Embora com um conjunto de 127 elementos sejam necessários somente sete bits para codificá-los[4] ($2^7 = 128$), pelo fato de que o byte é a menor unidade de informação que pode ser manipulada em um programa, cada caractere dessa tabela ocupa de fato um byte. A evolução da tabela ASCII

---
4 A razão é que existem dois valores possíveis para ocupar cada posição de um bit; assim, com sete bits obtêm-se $2 \times 2 \times 2 \times 2 \times 2 \times 2 \times 2 = 2^7 = 128$ valores distintos.

original é a **ASCII estendida**, que possui 256 elementos e cada elemento ainda ocupa um byte.[5] Então, para fins práticos, assumir-se-á que um caractere ocupa um byte de memória.

2.3.4 IMAGENS

As imagens no computador são versões digitalizadas de imagens reais ou sintetizadas por algum software gráfico. Uma imagem, conforme percebida por nosso cérebro, é o resultado da interação das ondas eletromagnéticas componentes de uma fonte de luz refletida por uma imagem que, ao alcançar células fotossensíveis denominadas *células-cone* existentes no fundo da retina, produzem e enviam sinais ao cérebro que então "formam" a imagem que se está vendo.

Existem três tipos de células-cone: aquelas que são sensíveis às frequências das cores verde, azul e vermelha. Dessa forma justifica-se um modelo de cor que é amplamente utilizado por artistas e também pela maior parte dos programas gráficos: o modelo RGB (RED-GREEN-BLUE). Nesse modelo, qualquer cor pode ser formada pela adição de intensidades adequadas de vermelho, verde e azul. Por esse motivo, essas três cores são denominadas *cores aditivas primárias*.

Voltando-se ao computador, o responsável pela geração das cores que são percebidas em um monitor de vídeo é o *subsistema de vídeo*. O subsistema de vídeo é normalmente uma placa "espetada" na placa-mãe do computador ou um circuito nela embutido e se conecta ao monitor de vídeo por um cabo de vídeo.

A placa de vídeo dita o *modo* de exibição que se obterá no monitor. No modo *texto*, as informações a serem exibidas são organizadas por desenhos de caracteres e dividem a tela em uma matriz ocupada tipicamente por 80 colunas e 25 linhas. Nesse modo, os programas exibem suas informações escrevendo os caracteres em posições dentro do espaço de 80 × 25 posições possíveis. Um exemplo de programa que utiliza esse modo é o *Edit*, um editor de textos distribuído juntamente ao sistema operacional Microsoft Windows e que é executado no ambiente MS-DOS, conforme ilustra a Figura 2.24.

---

5 Isso não vale para esquemas de codificação tipo Unicode que propõem o uso de bytes múltiplos para representar qualquer caractere ou símbolo de qualquer língua do planeta.

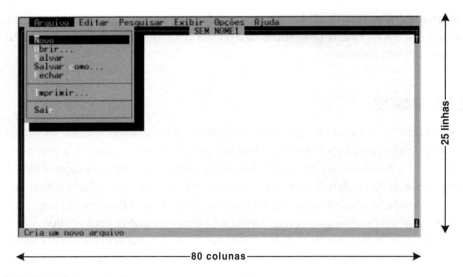

FIGURA 2.24   Tela em modo texto do programa *Edit*.

Cada caractere no modo texto é por si só representado por uma matriz de pontos – *pixels* ou *picture elements* – que, organizados de forma conveniente, formam os caracteres que conhecemos. No modo texto, os atributos de cor para os caracteres são de apenas dois tipos: a cor de fundo (*background color*) e a cor do caractere (*foreground color*). Quando se alteram esses atributos de cor no modo texto, altera-se a cor de todos os pixels correspondentes no caractere em questão. No modo texto, não é possível alterar a cor de um pixel individualmente.

Já no modo *gráfico*, a imagem percebida é formada por pixels que são individualmente acessados. Dessa forma, todas as informações visuais desenhadas na tela do computador são organizadas em uma grande matriz de pixels, cada um com sua própria cor. O tamanho dessa matriz depende da *resolução* da placa de vídeo. A resolução indica o número máximo de pixels que se visualizará, em linhas e colunas, e o produto desses números fornece a quantidade total de pixels que podem ser exibidos na tela.

A resolução de vídeo é uma propriedade da placa de vídeo que está instalada no computador. Assim, quando se fala em uma resolução de vídeo de 800 × 600 significa que a placa de vídeo em questão é capaz de exibir 800 vezes 600 pixels, ou 480.000 pixels. Um exemplo de uma tela em modo gráfico é representado pelas janelas dos aplicativos do sistema operacional Windows, neste caso pelo programa de pintura *Paint*, conforme observado na Figura 2.25.

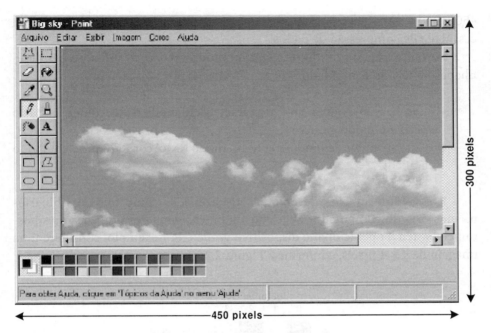

FIGURA 2.25 Tela em modo gráfico do aplicativo *Paint* do Windows.

No modo gráfico, emprega-se tipicamente a codificação da informação de cor, utilizando o modelo RGB já citado. Nesse caso, as cores possíveis são criadas a partir de quantidades de vermelho, verde e azul convenientes. Para o computador, esses números são representados por quantidades inteiras, no formato binário. O número total de cores que se pode apresentar no modo gráfico depende de um parâmetro do adaptador gráfico conhecido como *profundidade* de cor. Profundidade de cor é o número de bits utilizado para representar as cores oferecidas pelo adaptador gráfico.

Assim, ao comprar um adaptador gráfico, pode-se observar em sua especificação esse número. Atualmente, são comuns as placas com 32 bits de profundidade de cor, que são divididos nos matizes vermelho, verde e azul. Logo, uma cor de cada pixel no modo gráfico é representada por três números binários com oito bits cada (um byte, portanto), e cada um desses bytes representa a intensidade de vermelho, verde e azul na cor.

A quantidade de informação associada a uma imagem depende do seu tamanho em bits e da profundidade de cor utilizada. Uma imagem como a da Figura 2.25, se representada com uma informação de cor de 32 bits, vai ocupar

450 × 350 × 32/8 bytes = 1.920.000 bytes ou, ainda, 1.8 MBytes. Observe a necessidade de compressão de dados.

Portanto, seja no modo texto ou no modo gráfico, as informações desenhadas na tela do computador são representadas por dois atributos:

- Localização (coluna, linha do caractere em modo texto; coluna, linha do pixel em modo gráfico).
- Cor (atributos de fundo/frente em modo texto; cor RGB pixel em modo gráfico).

E essas informações deverão ser armazenadas como números binários na memória do computador, segundo algum esquema de codificação proposto pelo sistema operacional e dispositivo gráfico. Por exemplo, considere uma imagem de 4 × 4 pixels, conforme a Figura 2.26.

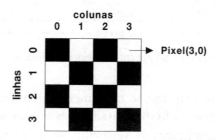

FIGURA 2.26 Exemplo de uma imagem.

Essa imagem contém somente duas cores: preto e branco. Presume-se que essas cores sejam representadas em uma placa com 32 bits de profundidade de cor e que possuam os seguintes códigos binários:

- Preto: 00000000000000000000000000000000.
- Branco: 11111111111111111111111111111111.

Na memória do computador, essas informações seriam armazenadas de forma contígua, como indicado na Tabela 2.7.

TABELA 2.7 Codificação de uma imagem.

Pixel	Código
(0,0)	00000000000000000000000000000000
(0,1)	11111111111111111111111111111111
(0,2)	00000000000000000000000000000000
(0,3)	11111111111111111111111111111111
(1,0)	11111111111111111111111111111111
(1,1)	00000000000000000000000000000000
(1,2)	11111111111111111111111111111111
(1,3)	00000000000000000000000000000000
(2,0)	00000000000000000000000000000000
(2,1)	11111111111111111111111111111111
(2,2)	00000000000000000000000000000000
(2,3)	11111111111111111111111111111111
(3,0)	11111111111111111111111111111111
(3,1)	00000000000000000000000000000000
(3,2)	11111111111111111111111111111111
(3,3)	00000000000000000000000000000000

Nesse exemplo, considerou-se que as matrizes de dados foram armazenadas segundo o armazenamento contíguo de suas linhas (poderiam ser também por suas colunas).

2.3.5 SONS

Da mesma forma que as imagens, os sons são informações analógicas contínuas no tempo e amplitude. A forma de onda de um som (música ou fala) pode ser considerada como a soma de diversas formas de onda senoidais, cada uma com uma *frequência* e *amplitude* particular. Um exemplo de um sinal de som analógico está na Figura 2.27.

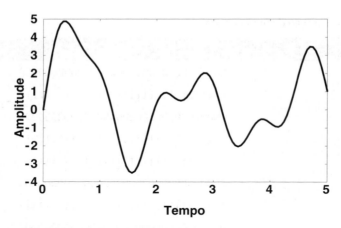

FIGURA 2.27 Exemplo de uma forma de onda de som.

O problema do armazenamento de informações de som no computador é análogo ao das imagens. Por ser uma forma de onda contínua, seu armazenamento na forma como é encontrada na natureza é inviável no computador. A solução encontrada e aplicada por todos os subsistemas de som do computador foi a *amostragem digital do sinal*.

O processo de amostragem digital de sinais analógicos, em particular o sinal de som, funciona da seguinte forma: o sinal de som é capturado via microfone ou saída de algum dispositivo analógico conectado à placa de som do computador. Em seguida, esse sinal é *amostrado*, isto é, são coletadas amostras periódicas dele (sua amplitude). Isso é feito por um dispositivo conversor analógico-digital. Na sequência, a cada amplitude amostrada é atribuído um valor binário correspondente, sendo esse processo denominado *quantificação*. Por fim, esse sinal amostrado e quantificado é compactado e então armazenado de forma conveniente.

Por consequência desse processo de "discretização", a forma de onda resultante apresenta um "serrilhado", conforme exibido na Figura 2.28.

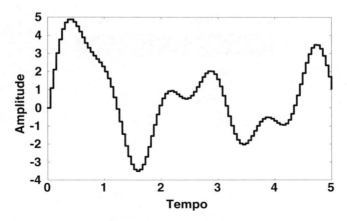

FIGURA 2.28 Exemplo de uma forma de onda de som após amostragem.

O processo de quantificação fornece os códigos binários para cada nível discreto. Um exemplo disso é exibido na Figura 2.29.

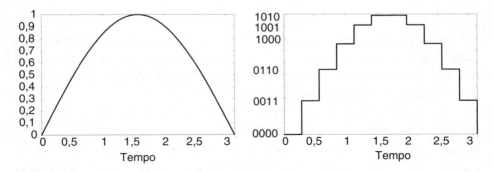

FIGURA 2.29 Exemplo de uma forma de onda de som após quantificação.

Nessa figura, um trecho ampliado da função sen(x) no intervalo a é amostrado e quantificado por números de quatro bits a uma taxa de amostragem de três amostras por unidade de tempo. A representação desse sinal no computador poderia ser conforme a Tabela 2.8

TABELA 2.8 Codificação de um sinal de som

Amostra	Código
0	0000
1	0011
2	0110
3	1000
4	1001
5	1010
6	1010
7	1001
8	1000
9	0110
10	0011

Após ter sido armazenado, o som pode ser novamente reproduzido. Para tanto, aplica-se o caminho inverso: a partir das amostras existentes, o sinal é recomposto e filtrado para remover o efeito do "serrilhado". Por fim é enviado ao amplificador de saída da placa de som.

A qualidade do som a ser armazenado depende da frequência de amostragem empregada e da resolução da placa de som. Sabe-se pelo critério de Nyquist que a taxa de amostragem mínima para que o sinal possa ser recuperado novamente na forma analógica é de duas vezes a maior frequência existente no sinal original. Para a percepção do ouvido humano, uma taxa de amostragem de 44,1 kHz é suficiente para as falas e músicas.

Já a resolução da placa de som indica quantos níveis de quantificação são possíveis. Por exemplo, uma Sound Blaster 16 emprega uma resolução máxima de 16 bits, ou seja, 2^{16} níveis possíveis de quantificação. Um som amostrado com essa placa é, portanto, representado por números binários inteiros de 16 bits.

Um som de qualidade demanda espaço de armazenamento. Considerando uma taxa de amostragem de 44,1 kHz e uma resolução de 16 bits, um sinal de som de 60 segundos ocupará $44,1 \times 10^3 \times 60 \times 16$ bits, ou seja, 42.336.000 bits ou 5 Mbytes! Da mesma forma que as imagens, os sons no computador devem ser comprimidos por algum padrão existente de compressão (por exemplo, MP3).

2.4 A ARQUITETURA DE UM COMPUTADOR

A arquitetura de um computador representa a maneira na qual seus componentes estão organizados. Na história da computação (Seção 2.2) consagraram-se diversos modelos de arquitetura. Nesta seção será descrito o mais famoso e utilizado deles: o modelo de arquitetura de *Von Neumann*.

A *arquitetura de Von Neumann* surgiu em virtude de seu criador, John von Neumann, que, em 1946, definiu as unidades funcionais básicas para o projeto do computador IAS (veja a Seção 2.2.2). Essas unidades funcionais (ou componentes) estão ilustradas na Figura 2.30 e são:

- UCP (Unidade Central de Processamento) ou CPU (*Central Processing Unit*): é representada atualmente por um *microprocessador* e sua função é executar programas armazenados na *memória principal*. A memória principal ou, ainda, RAM (*random access memory*) representa a memória volátil (apagada quando sem energia), utilizada para armazenar instruções e dados de um programa.
- Caminhos (*bus*) de dados: representam uma fiação (impressa na placa-mãe) e seu propósito é transmitir dados, que podem ser endereços de áreas da memória, dados de um programa armazenados na memória e sinais de controle para/de outros componentes externos, como, por exemplo, dispositivos de entrada/saída.

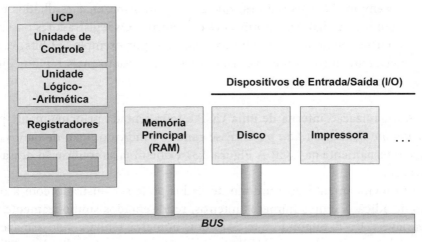

FIGURA 2.30 Organização típica de um computador.

- Dispositivos de entrada e saída ou dispositivos de I/O (*input/output*): representam interfaces para os dispositivos de entrada e saída, como, por exemplo, mouse, teclado, monitor, disco rígido, entre outros.

Esses componentes são representados por um conjunto de dispositivos eletrônicos digitais, encapsulados em *chips* (pastilhas) e em cartões de expansão que são respectivamente soldados e encaixados a uma placa especial denominada *placa-mãe* (ou ainda *motherboard* ou *mainboard*).

2.5 FUNCIONAMENTO DA UCP NA EXECUÇÃO DOS PROGRAMAS

A UCP é a responsável pela execução dos programas e pelo controle dos outros componentes, como os periféricos de entrada e saída. A UCP é representada nos computadores pessoais pelo *microprocessador*. Simplificando, a UCP é internamente composta pelas seguintes unidades funcionais:

- uma unidade de controle (UC): responsável pela *busca* de instruções na memória principal;
- uma unidade lógico-aritmética (ULA): responsável pela execução de operações aritméticas e lógicas e pela *execução* das instruções provindas da memória principal;
- um conjunto de registradores: representa uma pequena memória (por exemplo, 32 registradores) que serve para armazenar resultados temporários e algumas informações de controle. Os registradores possuem normalmente um tamanho fixo em bits (por exemplo, 32 bits) e, por estarem situados internamente à UCP, são muito mais rápidos que a memória principal.

A organização interna de uma UCP é representada principalmente pelo seu *caminho de dados* (*data path*). Esse caminho indica o fluxo de dados que ocorre internamente na UCP. A Figura 2.31 exibe uma simplificação dessa organização.

O funcionamento do caminho de dados pode ser ilustrado com a operação de adição de dois números inteiros, representados simbolicamente pelas variáveis *A* e *B*. Supondo que esses dois números tenham sido armazenados em dois registradores da UCP, no momento da execução da instrução de soma eles são transferidos para os registradores especiais da ULA, chamados *registradores de entrada* (veja a Figura 2.31). Os circuitos internos da ULA entram em ação e realizam a soma desses números, sendo armazenados em outro registrador especial da ULA, denominado *registrador de saída*. Por fim, esse número resultante é armazenado em algum outro registrador da UCP, de acordo com a instrução de soma realizada.

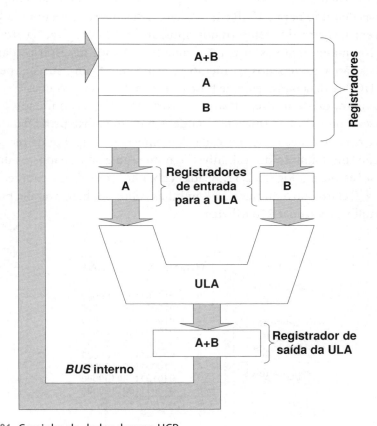

FIGURA 2.31 Caminho de dados de uma UCP.

Cabe aqui uma observação. Nota-se que a operação descrita não é realizada de uma única vez. Compete aos circuitos da ULA a correta execução dessas etapas de acordo com um *microcódigo* definido em seus circuitos que, por sua vez, é sincronizado por um sinal de *relógio*. Esse sinal de relógio é uma fração do relógio nominal do microprocessador. Por exemplo, um microprocessador com um relógio de 3,0 GHz significa que uma onda quadrada com período de

$1/(3,0\times10^9)$ segundos será utilizada como referência para os circuitos digitais do computador.

Esse ciclo de execução e posterior armazenamento do resultado é intitulado *ciclo de caminho de dados* e pode-se afirmar que quanto mais rápido esse ciclo ocorrer, mais rápido é o processador que o abriga.

As instruções que são executadas pela ULA dependem do conjunto de instruções definido para a UCP em questão. Essas instruções em uma UCP típica devem abrigar pelo menos os dos tipos: aritmética e lógica. Na arquitetura de Von Neumann, tanto as instruções quanto os dados necessários para essas instruções são armazenados na memória principal. Assim, surge a pergunta: como a UCP realiza o processo de busca e execução das instruções?

Primeiro, existe um registrador especial na UCP, denominado *contador de programa* ou CP, que armazena o endereço da memória principal que contém a próxima instrução a ser buscada. A memória principal pode ser considerada como um conjunto de "caixinhas" em que são armazenados os dados ou as instruções (veja a Figura 2.32). Cada "caixinha" possui um endereço que a identifica. É claro que o número de "caixinhas" pode ser bem grande, podendo, por exemplo, armazenar 256 Mbytes.

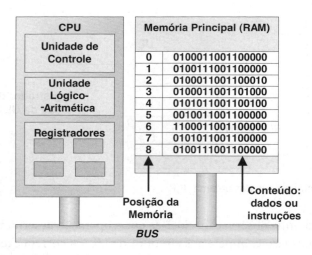

FIGURA 2.32 Memória principal do computador.

O funcionamento inicia-se da seguinte forma: a instrução armazenada no endereço apontado pelo registrador CP é buscada e armazenada em outro registrador especial, chamado *registrador de instrução* ou RI. Essa unidade de bits transferida da memória para o registrador RI é nomeada como *palavra de máquina*. A largura da palavra de máquina depende da UCP, sendo típicos os valores de 8, 16, 32 e 64 bits.

Após a transferência da instrução para o registrador RI, o contador de programa (CP) é incrementado para apontar para a próxima instrução. A instrução presente no registrador RI é então decodificada para saber qual o tipo de operação que representa. Se a instrução necessitar acessar um valor da memória, o endereço desse dado é armazenado em um registrador. Com o endereço armazenado em RI, o dado é buscado e armazenado em um registrador, que, por fim, é utilizado na execução da instrução propriamente dita.

A execução de um programa é, portanto, aquela repetitiva do parágrafo anterior até que uma instrução especial que indica o seu fim seja obtida. Esse funcionamento é resumido pelo Algoritmo 2.1.

ALGORITMO 2.1 Algoritmo para o funcionamento da UCP.

Início
    $CP \leftarrow endereco\_inicial$
    Enquanto $tipo\_instrucao \neq PARE$ **Faça**
        $RI \leftarrow TransferirMemoria(CP)$
        $CP \leftarrow CP + 1$
        $tipo\_instrucao \leftarrow DecodificarInstrucao(RI)$
        $endereco\_dado \leftarrow PegarEnderecoDado(RI, tipo\_instrucao)$
        Se $endereco\_dado \geq 0$ **Então**
            $dado \leftarrow TransferirMemoria(endereco)$
        Fim Se
        $Executar(tipo\_instrucao, dado)$
    Fim Enquanto
Fim

Falta ainda determinar como as instruções serão representadas. Essa é uma decisão do projetista da UCP. Por exemplo, em uma UCP com palavra de memória de 16 bits, as instruções poderiam ser representadas conforme a

Figura 2.33. Nessa figura, o código da instrução é representado pelos bits 12 a 15 e o operando (endereço a ser utilizado pela instrução) pelos bits restantes. Assim, a instrução aritmética de soma poderia ser representada pelo código 0010 e assim por diante.

FIGURA 2.33 Exemplo de organização de instrução.

2.6 O PROJETO LÓGICO NA CONSTRUÇÃO DE PROGRAMAS

Por ser um texto introdutório de algoritmos e lógica de programação, a discussão a respeito de detalhes das instruções em relação à máquina termina por aqui. No entanto, deve ser explicado o processo de construção de um programa e reforçar o papel do estudo de algoritmos e lógica de programação nesse processo.

Um programa é, para o computador, um conjunto de instruções de máquina armazenadas na memória. Porém, normalmente essas instruções são geradas indiretamente, via arquivo de texto contendo essas mesmas instruções em código de montagem (*assembly*), que são instruções mnemônicas, como ADD, MOV e outras mais fáceis de lembrar que simples sequências de zeros e uns.

Mesmo assim, o uso de uma linguagem de montagem não é produtiva no sentido de criar programas em tempo hábil. Seu uso é destinado principalmente à programação de software de sistema (sistema operacional, por exemplo) e de softwares que operarão em tempo real, tais como drivers de vídeo, sistemas de controle industrial e outros.

Grande parte dos programas é, na realidade, escrita em linguagens de alto nível, que possuem instruções mais compreensíveis ao ser humano, como Pascal, Delphi, C, Java e C++. O processo de construção de um programa com essas linguagens segue as etapas ilustradas na Figura 2.34, que complementam as discussões apresentadas no Capítulo 1.

Cap. 2 CONCEITOS DE COMPUTAÇÃO E COMPUTADORES ▪ 71

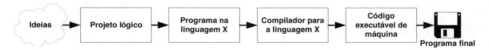

FIGURA 2.34 Etapas no desenvolvimento de um programa.

O processo de construção de um programa é iniciado pelas *ideias* que se tem a respeito do problema a ser resolvido. Depois, em uma etapa de planejamento, é realizado o *projeto lógico* do programa, assunto dos próximos capítulos deste livro. Essa etapa é crucial, pois é aqui que se definirá a lógica do programa em si e se ele servirá ou não como solução a um problema apresentado.

As etapas a seguir dependem da linguagem de programação que será utilizada. Considerando uma linguagem de programação X, a ideia nessa etapa é traduzir o projeto lógico para essa linguagem. Isso é feito com o conhecimento da equivalência das instruções definidas no projeto lógico com as instruções reais, disponibilizadas pela linguagem X.

Feito isso, o texto contendo as instruções do programa na linguagem X é submetido a um programa especial, denominado *compilador*. A tarefa do compilador é traduzir as instruções da linguagem X para aquelas de máquina do processador destino. O resultado é um programa executável (conhecido pela extensão .EXE no mundo DOS/Windows), que pode ser então colocado na memória pelo sistema operacional em questão e finalmente executado.

O projeto lógico, ponto de partida nesse processo, representa o programa em seu nível mais alto. Nesse tipo de projeto, os algoritmos que serão implementados são representados por gráficos, tais como fluxogramas, ou textos, como pseudocódigo (o Portugol é um exemplo), e são independentes de uma linguagem de programação. Daí se extraem algumas vantagens:

- Por serem independentes de uma linguagem de programação específica, os fluxogramas e o pseudocódigo podem ser reutilizados para definir programas que poderão ser implementados depois com qualquer linguagem de programação.
- O fluxograma e o pseudocódigo são ferramentas fáceis de aprender e mais fáceis de testar e verificar do que um programa escrito em uma linguagem de programação particular, pois não adicionam detalhes específicos dessas linguagens.
- Possuindo um projeto lógico verificado e testado, tornam-se mínimas as chances de escrever um programa com erros em uma linguagem de programação particular.

CAPÍTULO 3 | # ALGORITMOS E SUAS REPRESENTAÇÕES

No Capítulo 1, foi apresentado o conceito de algoritmo, suas características, tais como sintaxe e semântica e, também, como algoritmos representam a solução de problemas. Neste capítulo será revisto o conceito de algoritmo para que, depois, se introduzam novas representações para ele: uma gráfica, denominada fluxograma, e outra, textual, denominada pseudocódigo Portugol.

3.1 REVISÃO DO CONCEITO DE ALGORITMO

No Capítulo 1 houve um primeiro contato com a palavra algoritmo. Lá se fazia a descrição do seu significado, de características desejáveis que todo algoritmo deve possuir, como sintaxe e semântica bem definidas, e relacionava-se sua utilização com a solução de problemas. Para fixar o conceito de algoritmo, é fornecida sua definição segundo Ferreira (1999):

> **Algoritmo**: [...] **1.** *Mat.* Processo de cálculo, ou de resolução de um grupo de problemas semelhantes, em que se estipulam, com generalidade e sem restrições, regras formais para a obtenção do resultado, ou da solução do problema. 2. *Inform.* Conjunto de regras e operações bem definidas e ordenadas, destinadas à solução de um problema, ou de uma classe de problemas, em um número finito de etapas. [...][1]

---
1 FERREIRA, A. B. H. *Aurélio século XXI*: o dicionário da Língua Portuguesa. 3. ed. rev. e ampl. Rio de Janeiro: Nova Fronteira, 1999.

Em outras palavras, o algoritmo representa o **caminho de solução para um problema**. A elaboração do algoritmo é de importância crucial para a criação de um programa de computador e nas soluções de qualquer tipo de problema. Da definição exposta anteriormente, pode-se extrair as seguintes características evidentes:

- Um algoritmo representa uma sequência de regras.
- Essas regras devem ser executadas em uma ordem preestabelecida.
- Cada algoritmo possui um conjunto finito de regras.
- Essas regras devem possuir um significado e ser formalizadas segundo alguma convenção.

3.2 APLICABILIDADE DOS ALGORITMOS

Existe um algoritmo embutido em toda tarefa, independentemente de ela ser relacionada a um programa de computador. Em nosso cotidiano, executamos toda e qualquer tarefa utilizando algoritmos, mesmo não percebendo isso. Atos como comer, respirar, ir para a escola, dirigir um automóvel, resolver uma prova, estudar, cozinhar, fazer uma refeição, consertar o motor de um automóvel etc. são tarefas que podem ser descritas por meio de algoritmos.

Por outro lado, existem algoritmos que precisamos aprender para poder realizar certas tarefas específicas, como, por exemplo, aquelas ligadas à Engenharia e à Computação. Assim, para especificar um processo de montagem de um circuito eletrônico, um processo químico industrial e um programa eficiente de pesquisa de informações em um banco de dados, entre tantos outros, são necessários informações e conhecimentos adicionais aos que já possuímos. Desse modo, conclui-se que:

> *Algoritmos não servem apenas para programar computadores!*
> *São de uso geral!*

3.2.1 EXEMPLO NÃO COMPUTACIONAL DE UM ALGORITMO

Um exemplo concreto de um algoritmo que está fora do ambiente computacional é a receita para preparar sorvete de chocolate. Assim, o problema a ser resolvido é a definição dos passos necessários para obter um sorvete de chocolate.

Aqui é preciso saber inicialmente quais são os ingredientes essenciais para fazer o sorvete. Uma sugestão seria utilizar os seguintes ingredientes:

- 1 tablete de chocolate meio amargo;
- 1 lata de leite condensado;
- a mesma medida da lata com leite;
- raspas de chocolate ou chocolate granulado.

Com esses ingredientes, especificam-se os passos da receita que resolve o problema da preparação do sorvete, representado pelo Algoritmo 3.1:

ALGORITMO 3.1 Algoritmo para fazer sorvete de chocolate.

Início
1. Ponha o chocolate em uma tigela refratária.
2. Deixe a tigela no micro-ondas durante um minuto em potência média.
3. Tire o chocolate do forno com cuidado e mexa-o até esfriar.
4. Bata-o no liquidificador com o leite condensado e o leite.
5. Despeje tudo em uma forma de gelo e espere congelar por três horas.
6. Distribua o sorvete em taças.
7. Decore com as raspas ou com o chocolate granulado.
8. Sirva.

Fim

3.2.2 EXEMPLO COMPUTACIONAL DE UM ALGORITMO

Outro exemplo concreto, agora no domínio da Matemática, é o algoritmo de Euclides (definido entre 400-300 a.C.) para a determinação do *máximo divisor comum* entre dois números inteiros x e y. Os valores das variáveis x e y representam os valores de entrada do problema ou – fazendo uma comparação com o exemplo anterior – os "ingredientes". O algoritmo que resolve esse problema pode ser descrito conforme o Algoritmo 3.2.

Para verificar se esse algoritmo está correto, é necessário **simulá-lo** de acordo com suas regras. A linha 1 apresenta um comando que pede o fornecimento de dois valores inteiros, um para x e outro para y. Podem ser quaisquer valores; por exemplo, $x = 18$ e $y = 15$.

ALGORITMO 3.2 Algoritmo para calcular o máximo divisor comum entre dois números.

Início
1. Pedir para o usuário fornecer valores inteiros para x e y.
2. **Enquanto** $y \neq 0$ **Faça**
3. $\quad r \leftarrow$ o resto da divisão entre x e y
4. $\quad x \leftarrow y$
5. $\quad y \leftarrow r$
6. **Fim Enquanto**
7. Exibir para o usuário o MDC procurado e que está em x.

Fim

A linha 2 representa um comando que indica uma repetição, isto é, o que existe entre as linhas 2 e 6 deve ser repetido, enquanto a condição expressa na linha 2 ($y \neq 0$) for verdadeira. Dessa maneira, com os valores propostos, tem-se a geração de valores segundo a Tabela 3.1.

TABELA 3.1 Simulação do algoritmo de Euclides.

		Valor das variáveis		
Linha	Comando	x	y	r
1	Pedir para o usuário fornecer valores inteiros para x e y.	18	15	?
2	**Enquanto** $y \neq 0$ **Faça** (verdadeiro: $y = 15$)	18	15	?
3	$r \leftarrow$ o resto da divisão entre x e y.	18	15	3
4	$x \leftarrow y$	15	15	3
5	$y \leftarrow r$	15	3	3
6	**Fim Enquanto**	15	3	3
7	**Enquanto** $y \neq 0$ **Faça** (verdadeiro: $y = 3$)	15	3	3
8	$r \leftarrow$ o resto da divisão entre x e y.	15	3	0
9	$x \leftarrow y$	3	3	0
10	$y \leftarrow r$	3	0	0
11	**Fim Enquanto**	3	0	0
12	**Enquanto** $y \neq 0$ **Faça** (falso: $y = 0$)	3	0	0
13	Exibir para o usuário o MDC procurado e que está em x.	3	0	0

A Tabela 3.1 indica a execução dos comandos do algoritmo de Euclides supondo valores iniciais como $x = 18$ e $y = 15$. Observe que a variável r nas duas primeiras linhas da tabela ainda não havia sido considerada pelo algoritmo, daí seu valor ser indeterminado. É importante notar que alguns comandos **alteram** o valor das variáveis e então novos valores passam a valer. Dessa forma, foi obtido como MDC entre x e y propostos o último valor que foi armazenado em x ($x = 3$).

Embora esses dois exemplos sejam algoritmos, existem ainda algumas deficiências em suas descrições. Entre elas:

- no primeiro exemplo consegue-se criar uma quantidade fixa de sorvete (essa receita rende seis taças). E se se desejar obter somente uma taça? Não seria interessante conseguir uma solução mais geral, em que se possa variar as quantidades de ingredientes para obter a quantidade que quiser de sorvete? Lembre-se das soluções literais discutidas no Capítulo 1;
- no segundo caso, apesar de ser um algoritmo que determina o máximo divisor comum entre quaisquer valores inteiros de x e y, o algoritmo precisa ser formalizado. Neste caso, é necessário definir uma sintaxe e semântica para representar esse algoritmo de uma maneira livre de interpretações ambíguas (a interpretação, por enquanto, está na tabela de simulação).

De qualquer modo, ambos os algoritmos apresentados possuem algumas propriedades em comum, que serão mais bem detalhadas na próxima seção.

3.3 PROPRIEDADES DE UM ALGORITMO

Todo algoritmo possui uma série de propriedades que serão descritas a seguir:

- **Valores de entrada**. Todo algoritmo deve possuir zero, uma ou mais entradas de dados. O exemplo do sorvete visto na Seção 3.2.1 representa um algoritmo que possui zero entradas, pois seu algoritmo opera com quantidades fixas de ingredientes. Já o exemplo da Seção 3.2.2 representa um algoritmo com duas entradas de dados, atribuídas às variáveis x e y.
- **Valores de saída**. Todo algoritmo possui uma ou mais saídas, que simboliza(m) seu(s) resultado(s). Assim, tanto o algoritmo do sorvete quanto o de Euclides possuem uma única saída. No primeiro, a saída é o próprio sorvete; no segundo, o valor do máximo divisor comum entre x e y.

- **Finitude**. Costuma-se dizer que toda tarefa a ser realizada possui início, meio e fim. Como os algoritmos representam os passos de solução de um problema – executando assim uma tarefa –, também possuem início, meio e fim. Portanto, uma primeira propriedade do algoritmo é a finitude. Todo algoritmo deve ser finito, isto é, deve ter um início e um conjunto de passos que, ao serem executados, levarão sempre ao seu término ou fim, executando a tarefa a que se propõe. Ambos os exemplos vistos nas Seções 3.2.1 e 3.2.2 são algoritmos finitos, pois chegam a um resultado em um número finito de passos.

    Deve-se ter uma atenção especial a essa propriedade. Muitas vezes, por desatenção, pode-se criar um algoritmo que nunca chegará a um resultado, tornando-se infinito. Por exemplo, altere a condição da linha 2 do Algoritmo 3.2 para $y \geq 0$. Simule-o, então, para os valores $x = 5$ e $y = 2$ e responda: Você consegue chegar à linha 7?

- **Passos elementares**. Um algoritmo computacional deve ser explicitado por meio de operações elementares, sem que haja diferenças de interpretação, de forma tal que possa ser executado até por máquinas bastante limitadas, como o computador.

    Dos exemplos vistos, o algoritmo de Euclides possui essa propriedade, pois utiliza somente operações matemáticas e comparações, operações que qualquer computador realiza por natureza. Já o algoritmo do sorvete deve ainda ser bem refinado, para que suas operações possam ser representadas, de alguma maneira, em passos elementares.

- **Correção**. Um algoritmo deve ser correto, isto é, deve permitir que, com sua execução, se chegue à(s) saída(s) com resultados coerentes com a(s) entrada(s). Para saber se um algoritmo está correto ou não, deve-se realizar testes com diversos valores de entrada (simulação), cujos valores a serem produzidos já se conhece *a priori* e, então, comparar esses resultados com os valores produzidos pelo algoritmo em questão.

    Por exemplo: o máximo divisor entre os números 12 e 9 é 3. Faça $x = 12$ e $y = 9$ e então execute o algoritmo de Euclides mostrado na Seção 3.2.2. Você chegou ao mesmo resultado? Para outros pares de valores x e y o algoritmo está correto?

3.4 REPRESENTAÇÕES DE UM ALGORITMO

Para um algoritmo ser útil, deve ser entendido da mesma forma por todas as pessoas que o utilizarem. Até o presente momento, as descrições de algoritmos que foram apresentadas usaram uma linguagem informal para representar os passos a serem executados. Apesar de cômodo, o uso de linguagens informais para a descrição de algoritmos pode levar ao surgimento de ambiguidades por diferentes pessoas.

Existem diversas maneiras de formalizar a representação de um algoritmo. Entre as diversas formas de representação de um algoritmo, este livro foca principalmente o Diagrama de Blocos e o Português Estruturado. Ambos são voltados para o entendimento da lógica de solução de determinado problema.

Como o nome já esclarece, o Português Estruturado é voltado para uma solução apresentada na língua corrente do país. Por sua vez, o Diagrama de Blocos apresenta grande contribuição para o conhecimento de uma representação gráfica na solução do problema.

Por fim, outra representação de algoritmo digna de nota é o Diagrama de Nassi-Schneidermann, coberto brevemente na Seção 3.7.1, para conhecimento, mas que não será utilizado no restante deste livro.

3.5 DIAGRAMA DE BLOCOS – FLUXOGRAMAS

A representação de diagrama de blocos utilizada neste livro denomina-se fluxograma. A definição da palavra fluxograma, pelo dicionário Michaelis, é:

> **Fluxograma**: [...] *Inform.* (fluxo+grama). **1.** Diagrama para representação de um algoritmo. **2.** Representação gráfica, por símbolos especiais, da definição, análise ou método de solução de um problema.[2]

O uso de fluxogramas neste livro deve-se primeiramente ao fato de que o engenheiro deve ter grande familiaridade com diagramas esquemáticos com linguagem matemática e expressão gráfica.

Os fluxogramas possuem um grande apelo visual e aplicação no entendimento de processos industriais, que são muito importantes na formação e na vida prática do engenheiro. Além disso, a utilização de fluxogramas como elemento de representação na solução de problemas computacionais é ainda muito frequente na ciência da computação.

Todo fluxograma deve possuir uma *sintaxe* e uma *semântica* bem definidas. A sintaxe de um fluxograma é definida pela forma correta de empregar seus elementos, que são:

---

2 Michaelis Dicionário Escolar Língua Portuguesa. 4. ed. São Paulo: Melhoramentos, 2016.

- símbolos gráficos específicos;
- expressões admissíveis a serem escritas no interior dos símbolos;
- sub-rotinas predefinidas que podem ser utilizadas nas expressões.

Já a semântica de um fluxograma indica como interpretá-lo. São regras de como entender e simular a solução que ele propõe. Os símbolos de fluxograma a serem adotados neste livro seguirão a norma ISO 5807/1985. Uma descrição completa desses símbolos e de suas aplicações encontra-se no Apêndice A.

Para criar um fluxograma que represente um algoritmo, deve-se construir cada um de seus passos de acordo com um símbolo apropriado da norma. Serão apresentadas as regras básicas para a construção de fluxogramas nas seções a seguir.

3.5.1 FLUXOGRAMA MÍNIMO

O menor fluxograma que se pode escrever é aquele que não executa absolutamente nada. De qualquer forma, todo fluxograma deve possuir um **início** e um **fim**. Os símbolos que denotam o início e o fim de um fluxograma são representados por "retângulos arredondados", conhecidos como **terminadores**, contendo, respectivamente, os textos **Início** e **Fim**, conforme ilustrado na Figura 3.1.

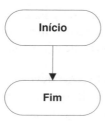

FIGURA 3.1 Fluxograma mínimo.

Esses símbolos não representam nenhum tipo de operação, mas são essenciais para a determinação do início e do fim do fluxograma. Os elementos de um fluxograma são conectados por **setas** que indicam o caminho a ser seguido a partir de um símbolo. A regra básica para a interpretação de um fluxograma pode ser sintetizada pelo Algoritmo 3.3.

Assim, a interpretação do fluxograma da Figura 3.1 não leva à execução de nenhum comando, pois, após o símbolo **Início**, chega-se ao símbolo **Fim** sem passar por qualquer outro.

ALGORITMO 3.3 Algoritmo para interpretar um fluxograma.

Início
1. Vá para o símbolo **Início**.
2. **Repita**
3. 	Seguindo a direção indicada pela seta, vá para o próximo símbolo.
4. 	Interprete esse símbolo.
5. **Até** chegar ao símbolo **Fim**.

Fim

3.5.2 FLUXOGRAMA COM COMANDOS SEQUENCIAIS

Um fluxograma contendo apenas comandos sequenciais é aquele que, a partir do símbolo **Início**, permite a execução das instruções contidas nos símbolos subsequentes sem desvio algum na direção até alcançar o símbolo **Fim**.

Por exemplo, deseja-se construir um fluxograma que represente o algoritmo para calcular a força exercida pela coluna de um líquido sobre a área da válvula de um reservatório, conforme a Figura 3.2.

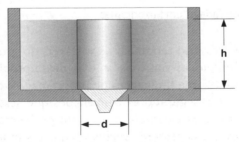

FIGURA 3.2 Problema da força exercida pela coluna de um líquido.

Nesse problema, conhece-se a altura h (m) do reservatório, o diâmetro d (m) da válvula e o peso específico γ do líquido (N/m^3). A força F, em Newtons, calculada é o peso da coluna do líquido. Como já temos o peso específico da substância, o cálculo da força é dado por:

$$F = \gamma \times VolumeColuna = \gamma \times AreaTampa \times h = \frac{\pi \times \gamma \times d^2 \times h}{4}$$

As variáveis existentes na fórmula anterior deverão também estar presentes na solução apresentada pelo fluxograma. No entanto, as **variáveis de um fluxograma** têm um significado adicional daquele encontrado nas variáveis da Matemática: as variáveis em um fluxograma representam simbolicamente espaços da memória nos quais serão armazenados seus valores.

Deve-se ter em mente que uma variável, *d*, por exemplo, ao aparecer em um fluxograma, representa algum espaço da memória onde seu valor será armazenado, conforme indicado pela Figura 3.3. Não é necessário conhecer qual é a posição desse espaço na memória: sabendo-se apenas o nome da variável, pode-se **ler** ou **alterar** seu conteúdo.

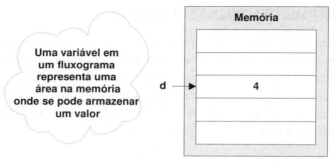

FIGURA 3.3 Significado de variável em fluxogramas.

Além disso, é necessário renomear as variáveis do problema original em alguns casos. Por exemplo, as variáveis π e γ desse problema serão escritas futuramente no texto de uma linguagem de programação, que contém apenas caracteres ASCII. Assim, seguindo as convenções que serão apresentadas na Seção 3.9, renomeiam-se as variáveis π e γ do problema, respectivamente, para *pi* e *gama*. Deve-se considerar, inclusive, que o símbolo *pi* é predefinido (veja a Seção 3.11) com o valor 3,14159.

Utilizando a mesma observação anterior, é preciso substituir o símbolo de divisão e multiplicação da fórmula do problema por símbolos que possam ser escritos de uma forma mais simples. De acordo com as convenções a serem apresentadas na Seção 3.10, serão utilizados a / como símbolo de **divisão** e o * como símbolo de **multiplicação**.

Observando, ainda, que a fórmula apresenta o símbolo = para denotar que a variável *F* vai possuir o mesmo valor que o calculado pela expressão à sua direita, é necessário fazer outra observação. O símbolo = será utilizado para realizar comparações, isto é, verificar igualdades. No caso desse problema, a variável F armazenará um valor calculado pela expressão. Dessa forma, para indicar essa operação, denominada **atribuição**, utilizar-se-á o símbolo ← para indicar que F armazenará o valor calculado.

Por fim, deve-se notar que na fórmula aparece o termo d^2. Para simplificar, será utilizada a sub-rotina predefinida *sqr*, que eleva ao quadrado o valor indicado em seu argumento (veja a Seção 3.11).

Observa-se que, para resolver esse problema de forma geral, devem-se obter, via algum **dispositivo de entrada** – por exemplo, um **teclado** –, os **valores de entrada** necessários para solucionar o problema. Essa operação é comumente chamada de **leitura dos dados**. De forma análoga, após a obtenção do resultado pela aplicação da fórmula, é preciso **exibir** o valor para o usuário, via algum **dispositivo de saída** – por exemplo, um **monitor de vídeo** –, o valor produzido, nomeado **valor de saída**.

Nesse problema, os valores de entrada e de saída são os seguintes:

- Entrada: a altura *h*, o diâmetro *d* e o peso específico *gama*.
- Saída: o valor da força *F*.

Agora já é possível esboçar um algoritmo informal para representar a solução desse problema, descrito pelo Algoritmo 3.4.

ALGORITMO 3.4 Algoritmo para calcular a força exercida pela coluna de um líquido.

Início
1. Ler os valores *h*, *d* e *gama*.
2. Calcular $F \leftarrow pi * gama * sqr(d) * h / 4$.
3. Exibir o valor de *F*.

Fim

Nesse instante se inicia a construção do fluxograma. Da forma como foi apresentado na Seção 3.5.1, a construção desse fluxograma começa com o desenho do símbolo de **Início**, conforme ilustrado na Figura 3.4.

(Início)

FIGURA 3.4 Passo 1 na construção do fluxograma para o problema da força.

Na sequência, conecta-se esse símbolo ao primeiro passo a ser executado usando-se uma seta. O primeiro passo, de acordo com o Algoritmo 3.4, é a leitura dos valores das variáveis h, d e gama. O símbolo do fluxograma para ler os valores externos a serem atribuídos a variáveis do algoritmo tem a forma de um trapézio. Indica-se no seu interior os nomes das variáveis que receberão os valores a serem digitados, separados por vírgula, de acordo com a Figura 3.5.

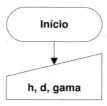

FIGURA 3.5 Passo 2 na construção do fluxograma para o problema da força.

Devem-se fazer duas observações sobre o significado desse símbolo. Em primeiro lugar, esse símbolo não indica em qual tipo de tela os dados serão digitados. Isso reflete a característica de independência dos fluxogramas. Portanto, é de "imaginação livre" como esse comando funcionaria na prática. Por exemplo, ele poderia ser futuramente implementado em alguma linguagem real de programação e ser apresentado em telas como mostra a Figura 3.6.

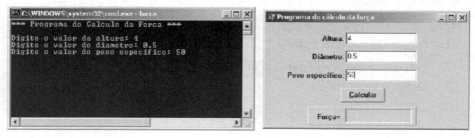

FIGURA 3.6 Duas interpretações concretas do símbolo de entrada.

Em segundo lugar, a execução do símbolo de entrada realiza uma **atribuição implícita** dos valores digitados às variáveis que estão indicadas no seu interior na ordem em que foram escritas. Dessa forma, a execução do símbolo de entrada apresentado na Figura 3.5 com os valores 4, 0,5 e 50 vai atribuir esses valores, respectivamente, às variáveis h, d e gama, isto é, serão armazenados nas posições de memória reservadas para essas variáveis, conforme ilustrado pela Figura 3.7.

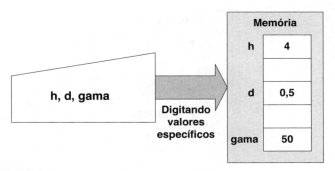

FIGURA 3.7 O efeito da entrada de dados nas variáveis.

Seguindo com a elaboração do fluxograma, o próximo passo representa um cálculo direto, portanto, **um processo**. O símbolo de fluxograma para representar cálculos ou processos a serem **executados sem questionamento** tem a forma de um retângulo. Em seu interior escrevem-se as expressões ou o nome do processo que será executado. Nesse exemplo, calcula-se a força F, de acordo com a Figura 3.8.

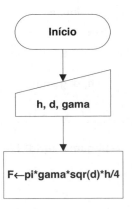

FIGURA 3.8 Passo 3 na construção do fluxograma para o problema da força.

Deve-se observar que foi utilizado o símbolo ←, conforme justificado anteriormente, para **atribuir** o valor do cálculo realizado pela expressão à variável F. Assim, com os valores $h = 4$, $d = 0{,}5$ e $gama = 50$, será armazenado o valor 32,2699 na posição de memória que a variável F representa, como mostra a Figura 3.9.

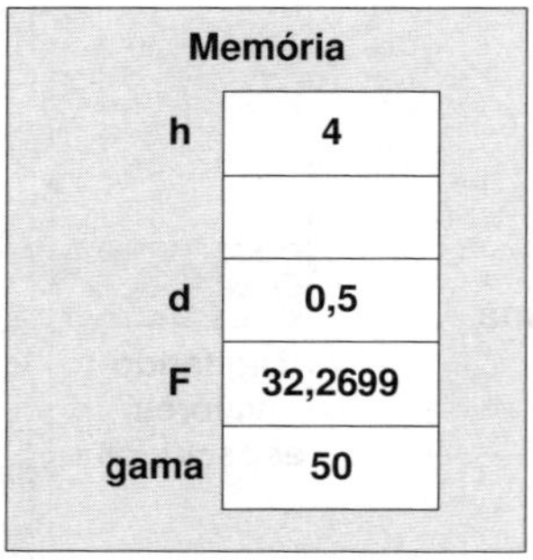

Memória
h
4
d
0,5
F
32,2699
gama
50

FIGURA 3.9 O efeito do comando de atribuição em uma variável.

No próximo passo, deve-se exibir o valor calculado da variável *F*. O símbolo do fluxograma para **exibir** os valores está representado a seguir e, em seu interior, escrevem-se os nomes das variáveis a serem exibidas separados por vírgula. Nesse caso, deve-se exibir apenas o valor de *F*, conforme indicado na Figura 3.10.

Início
h, d, gama
F←pi*gama*sqr(d)*h/4
F

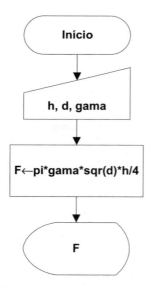

FIGURA 3.10 Passo 4 na construção do fluxograma para o problema da força.

Aqui, vale a mesma observação feita quanto ao símbolo de entrada de dados. O símbolo de exibição de valores não especifica qual será o tipo de interface na qual o dado aparecerá (veja novamente a Figura 3.6).

Por fim, é necessário indicar o término do fluxograma por seu símbolo **Fim**. O fluxograma final é apresentado na Figura 3.11.

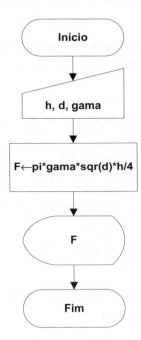

FIGURA 3.11 Fluxograma final para o problema da força.

3.5.3 FLUXOGRAMA COM COMANDOS DE DECISÃO

Deseja-se criar um fluxograma que represente o algoritmo para calcular as raízes de uma equação de segundo grau tipo $Ax^2 + Bx + C$, utilizando a fórmula de Bhaskara a seguir:

$$x = \frac{-B \pm \sqrt{B^2 - 4AC}}{2A}$$

Esse algoritmo deverá gerar uma resposta para quaisquer valores de *A*, *B* e *C* fornecidos, como mostra o Algoritmo 3.5.

Nesse algoritmo foi usada a rotina predefinida *sqrt* para representar a operação raiz quadrada (veja a Seção 3.11).

Observe com atenção a linha 2 do Algoritmo 3.5. Nota-se que é utilizado um comando de decisão. Nesse caso, é necessário verificar se $A \geq 0$ e, dependendo do resultado, tomar uma das seguintes decisões (mutuamente exclusivas):

- se for verdade, exiba mensagem "Não é equação de 2º grau" e então pare;
- senão, continuar em frente com os cálculos.

ALGORITMO 3.5 Algoritmo para calcular as raízes de uma equação de 2º grau.

Início
1. Ler A, B, C.
2. **Se** $A = 0$ **Então**
3.   Exibir a mensagem "Não é equação de 2º grau!".
4. **Senão** [*A equação é de 2º grau.*]
5.   Calcule $D \leftarrow sqr(B) - 4 * A * C$
6.   **Se** $D < 0$ **Então**
7.   Exibir a mensagem "Não existem raízes reais!".
8.   **Senão** [*Calcule as raízes.*]
9. $r1 \leftarrow (-B + sqrt(D)) / (2 * A)$
10. $r2 \leftarrow (-B - sqrt(D)) / (2 * A)$
11.   Exibir $r1$ e $r2$
12. **Fim Se**
13. **Fim Se**
Fim

Repetindo o mesmo que na Seção 3.5.2, o início do fluxograma fica conforme a Figura 3.12.

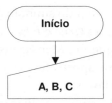

FIGURA 3.12 Passo 1 na construção do fluxograma para o problema das raízes.

A norma ISO 5807/1985 possui um símbolo específico para realizar esse tipo de operação – chamada **decisão** – que possibilita escolher um de dois caminhos a partir de um teste. Seu símbolo tem a forma de um losango, no interior do qual se escreve a expressão do teste a ser avaliado. Desse símbolo partem duas setas que, dependendo do valor da expressão, indicarão o caminho a ser seguido.

O resultado dessa expressão é um valor **lógico**, considerando um de dois valores possíveis: **verdadeiro** ou **falso**. Convencionamos escrever esses valores, respectivamente, pelas palavras em inglês *true* e *false* (veja a Seção 3.8).

Dessa forma, até a linha 2, o fluxograma ficaria de acordo com a Figura 3.13.

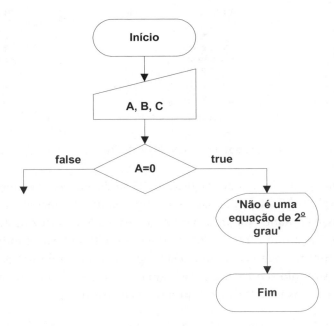

FIGURA 3.13 Passo 2 na construção do fluxograma para o problema das raízes.

Indicam-se nas retas que saem do símbolo de decisão os dois valores possíveis de um teste ou comparação (*true* e *false*), sendo, por convenção, *true* no lado direito e *false* no lado esquerdo. Mensagens constantes (cadeias de caracteres fixas) são delimitadas por apóstrofes (veja a Seção 3.8), para evitar que sejam confundidas com as variáveis.

O caminho a ser tomado após a avaliação da expressão lógica em um símbolo de decisão depende do resultado dessa expressão. A Figura 3.14 exibe dois casos que, dependendo do valor da variável *A*, vão conduzir a caminhos distintos.

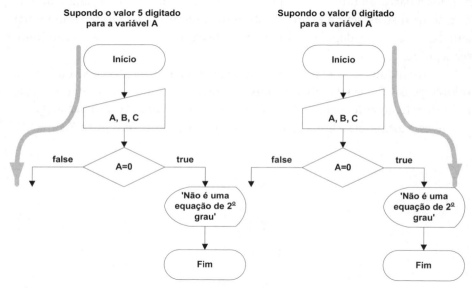

FIGURA 3.14 Encaminhamento após um comando de decisão.

O comando da linha 5 do Algoritmo 3.5 só deverá ser executado se o valor da variável *A* não for zero. Logo, o fluxograma fica conforme a Figura 3.15.

Por fim, o comando da linha 6 do Algoritmo 3.5 introduz outra estrutura condicional. Seguindo o raciocínio análogo ao feito anteriormente, completa-se o fluxograma. Sua versão final está representada na Figura 3.16. Observe o uso do símbolo representado por uma "bolinha". Ela não representa comando algum, mas uma forma de "juntar" os fluxos que provêm de caminhos diferentes.

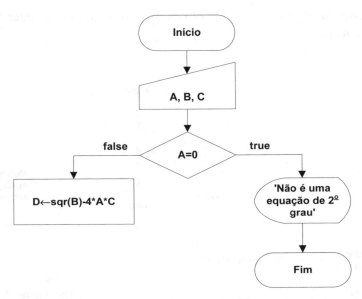

FIGURA 3.15 Passo 3 na construção do fluxograma para o problema das raízes.

Nota-se que na Figura 3.16 foram adicionadas anotações nas laterais dos símbolos utilizados, representando **comentários**. Não executam comando algum e servem para tornar mais claras as partes do fluxograma para o leitor. Os comentários tornam mais rápido o entendimento de um fluxograma, porém aqueles que forem óbvios devem ser evitados.

3.5.4 FLUXOGRAMA COM COMANDOS DE REPETIÇÃO

Nesta seção serão apresentados os fluxogramas que contêm *comandos de repetição*. Para tanto, será utilizado como exemplo o algoritmo de Euclides para o cálculo de máximo divisor comum entre dois números inteiros, segundo o Algoritmo 3.2.

Antes de iniciar a construção do fluxograma propriamente dito, devem ser feitas algumas observações. Observe que na linha 2 desse algoritmo aparece a expressão $y \neq 0$. Seguindo as convenções que serão apresentadas na Seção 3.10, o símbolo para representar a **desigualdade** será o <> (justaposição dos símbolos < e >). Já na linha 3, deve ser executado o cálculo do **resto da divisão entre dois números inteiros**. Acompanhando as convenções que serão apresentadas na Seção 3.10, o símbolo de operador para representar essa operação será **mod**.

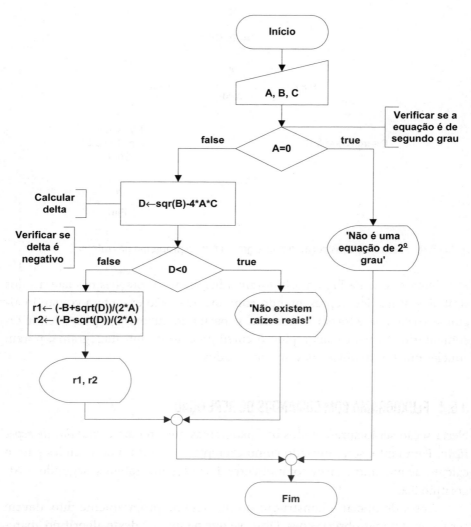

FIGURA 3.16 Fluxograma final, comentado, para o problema das raízes.

O fluxograma para representar esse algoritmo está na Figura 3.17. Devem ser feitos alguns comentários:

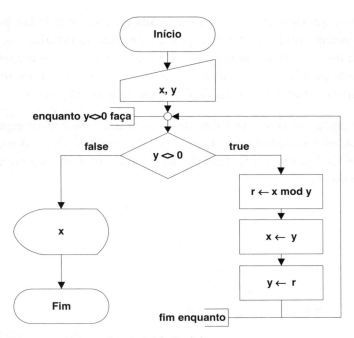

FIGURA 3.17 Fluxograma para o algoritmo de Euclides.

1. Embora seja empregado nesta seção o mesmo símbolo do comando de decisão da norma ISO 5807/1985, aqui ele possui um significado diferente: é parte integral de um comando de repetição, servindo como um teste para indicar se os comandos em seu interior deverão ser executados novamente.
2. A repetição é indicada pelo caminho fechado que sai do símbolo de decisão e que volta para ele.
3. A linha de retorno deve ser sempre desenhada imediatamente antes do símbolo de decisão.
4. A expressão lógica escrita internamente ao símbolo de decisão, no caso de comandos de repetição, representa um **critério ou condição de parada** da repetição. No caso desse fluxograma, os símbolos desenhados no caminho fechado representam os comandos que deverão ser executados **enquanto** a condição $y <> 0$ for verdadeira. O bloco que exibe o resultado contido na variável x apenas será executado quando a condição $y <> 0$ for falsa. Esse comando de repetição será formalizado no Capítulo 4 com o nome de estrutura **enquanto-faça**.

5. As expressões de condição de parada devem ser testadas, pois, se estiverem erradas poderão levar a uma **repetição infinita**. Por exemplo, se for trocada a condição $y <> 0$ para $y >= 0$ no fluxograma apresentado na Figura 3.17, nunca se alcançará o símbolo **Fim**, tornando-o infinito, portanto, deixando de representar um algoritmo.

Não existe somente essa forma de escrever um comando de repetição. De fato, é possível posicionar a condição de parada após a execução dos comandos a serem repetidos, conforme ilustrado na Figura 3.18. Cabem aqui mais algumas observações:

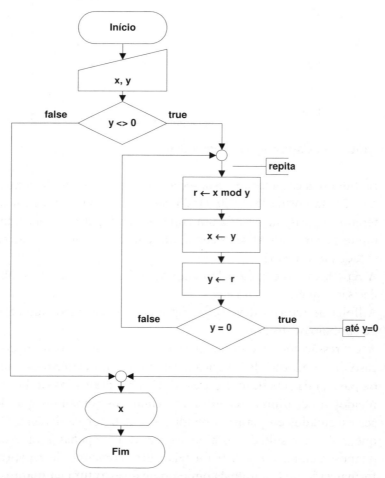

FIGURA 3.18 Outro fluxograma para o algoritmo de Euclides.

1. Note que o comando de repetição foi escrito agora com a condição de parada *após* os comandos que se desejam repetir. Esse comando pode ser entendido como "**repita** os comandos **até que** a condição de parada seja verdadeira". Com efeito, esse comando será formalizado em uma estrutura de programação denominada **repita-até**, a ser apresentada no Capítulo 4.
2. Como esse comando de repetição primeiro executa os comandos para depois verificar a condição de parada, foi necessário incluir um teste ($y <> 0$) antes dessa repetição, pois, caso contrário, existe a possibilidade da realização de uma divisão por zero (no comando $r \leftarrow x \bmod y$).
3. A condição de parada mudou. Nesse caso, a repetição será executada se a condição $y = 0$ for falsa, o que, em termos lógicos, é o mesmo que executar a repetição se a condição $y <> 0$ for verdadeira. Nota-se, ainda, que a repetição termina quando a condição $y = 0$ é verdadeira.

Os símbolos vistos neste capítulo até este ponto estão resumidos na Tabela 3.2.

TABELA 3.2 Resumo dos símbolos vistos no Capítulo 3.

Símbolo	Nome	Utilidade
	Terminador	Representar a saída para ou a entrada do ambiente externo, por exemplo, início ou final de programa, uso externo e origem ou destino de dados etc.
	Processo	Representar qualquer tipo de processo, processamento de função, por exemplo, executando uma operação definida ou grupo de operações, resultando na mudança de valor, forma ou localização de uma informação ou na determinação de uma entre as várias direções de fluxo a serem seguidas.
	Linha básica	Representar o fluxo dos dados ou controles. Podem ser utilizadas pontas de seta, sólidas ou abertas, na extremidade para indicar a direção do fluxo onde necessário ou para enfatizá-lo e facilitar a legibilidade.

(*continua*)

TABELA 3.2 Resumo dos símbolos vistos no Capítulo 3. (*continuação*)

Símbolo	Nome	Utilidade
	Entrada manual	Representar os dados, de qualquer tipo de mídia, que sejam fornecidos, manualmente, em tempo de processamento; por exemplo, teclado on-line, mouse, chaveamento, caneta óptica light pen, leitor de código de barras etc.
	Exibição	Representar os dados, cuja mídia seja de qualquer tipo, na qual a informação seja mostrada para uso humano, tais como monitores de vídeo, indicadores on-line, mostradores etc.
	Decisão	Representar uma decisão ou um desvio tendo uma entrada; porém pode ter uma série de saídas alternativas, uma única das quais deverá ser ativada como consequência da avaliação das condições internas ao símbolo. O resultado apropriado de cada saída deverá ser escrito adjacente à linha, representando o caminho respectivo.

3.5.5 SIMULAÇÃO DE ALGORITMOS COM FLUXOGRAMAS

A simulação de um fluxograma é feita da mesma maneira que a de um algoritmo (veja a Seção 3.2.2). A vantagem é que os símbolos possuem um significado preciso e as setas que conectam esses símbolos permitem seguir o fluxo das instruções de uma forma mais visível. Uma sequência para entender e simular um fluxograma foi definida pelo Algoritmo 3.3.

Como exemplo final desta seção, será projetado e testado um fluxograma para resolver o seguinte problema: exibir a média de N temperaturas fornecidas pelo usuário.

Deve-se entender o problema com a experiência pessoal obtida ou por meio de dados fornecidos. Os dados do problema induzem:

1. O número de temperaturas é variável e indeterminado, representado simbolicamente pela variável N.
2. Para realizar a média de N temperaturas é necessário, primeiramente, que esses N valores sejam fornecidos pelo usuário.
3. Não é possível resolver esse problema se $N \leq 0$, pois não tem sentido fazer a média de um conjunto com zero ou menos valores.

4. Com esses valores, agora é possível calcular a média: basta somar todos os N valores e depois dividir o resultado por N.

A primeira questão que surge é a seguinte: se o número N de valores de temperatura for indeterminado e se para cada temperatura for necessária uma variável para armazená-la, como resolver o problema?

Na realidade, a solução é bem simples. Esse problema não exige que se armazenem todas as variáveis de temperatura (como armazenar conjuntos variáveis de dados será visto no Capítulo 5). Particularizando o problema, se N fosse igual a um, o problema seria resolvido de forma direta, bastando apenas exibir a única temperatura digitada.

No entanto, existem N temperaturas a considerar e sabe-se que o problema somente será resolvido de forma correta para os valores de N maior que zero. Como não se deve confiar nos valores que o usuário digita, uma primeira versão do fluxograma que contemple a solução desse problema deverá permitir a entrada do valor N e então decidir se N é maior que zero ou não. No caso negativo, basta exibir uma mensagem de erro adequada e, então, terminar, conforme ilustrado pela Figura 3.19.

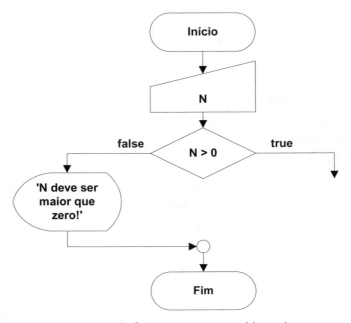

FIGURA 3.19 Passo 1 na construção do fluxograma para o problema das temperaturas.

Agora surge o ponto crucial: como ler, somar e realizar a média de todas as temperaturas? Basta pensar na utilização de um comando de repetição dentro do qual será lido um valor de temperatura e, a seguir, acrescentá-lo aos outros que já foram somados. Quando se somarem todos os valores, basta realizar a divisão por N.

Conduzindo a solução por partes, primeiro é preciso saber como controlar o número de repetições. Deseja-se que, para um valor $N > 0$, sejam repetidas a leitura e a soma de valores. Para criar um comando de repetição que vai executar N repetições, é necessária uma variável adicional, denominada comumente *variável contadora*, ou simplesmente, *contador*.

A ideia é fazer que essa variável comece com um valor inicial adequado e então repetir a instrução de seu incremento até que ultrapasse o valor final, que, nesse caso, é N. Se o nome da variável contadora for i, faz-se inicialmente que i tenha o valor 1 e, realizando incrementos unitários nessa variável, após N repetições, ela alcançará um valor maior que N. A condição que permitirá a realização das repetições pode ser escrita como $i \leq N$ e servir, também, como critério de parada assim que $i > N$, conforme descrito na Figura 3.20.

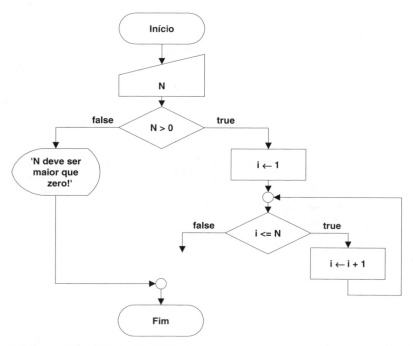

FIGURA 3.20 Passo 2 na construção do fluxograma para o problema das temperaturas.

Deve-se observar que a instrução $i \leftarrow i+1$ é interpretada da seguinte forma: soma-se 1 ao valor da variável i e então atribui-se esse valor à própria variável i. Como uma variável representa uma área da memória que contém um valor, nada impede que esse valor seja somado a 1 e então gravado de volta na mesma posição.

Agora que já existe uma forma de repetir N vezes alguma instrução, este é o momento de introduzir o comando de leitura da temperatura. Utilizando a variável T para representar uma temperatura, coloca-se o comando de leitura no interior da repetição apresentada, de acordo com a Figura 3.21.

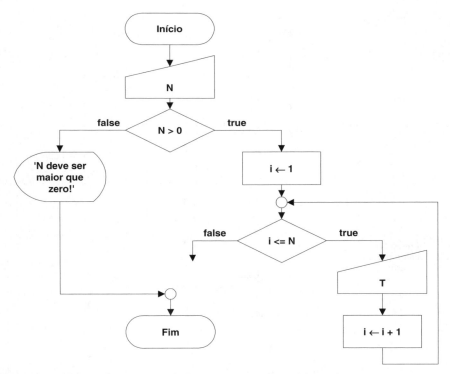

FIGURA 3.21 Passo 3 na construção do fluxograma para o problema das temperaturas.

O fluxograma da Figura 3.21 permite a entrada de N temperaturas, porém, armazena-se apenas o último valor delas, pois está-se utilizando uma única variável para guardar a temperatura, a variável T. No próximo passo da construção do fluxograma, deve-se adicionar um comando que possibilite a soma dessa variável com a soma parcial existente anteriormente.

Para fazer isso, basta acrescentar mais uma variável ao problema, a qual armazenará a soma das temperaturas (uma variável com esse propósito é denominada *acumulador*). A técnica para isso é iniciar uma variável fora do comando de repetição com o valor zero, por exemplo, $S \leftarrow 0$, e, então, após a leitura de uma temperatura, somar essa temperatura a essa variável, como em $S \leftarrow S + T$. Assim, a cada repetição, lê-se uma temperatura e, então, prontamente é feita sua soma com a soma anterior.

Por fim, após a execução das N somas, basta dividir o valor da variável S por N, obtendo-se a média e, então, exibindo esse valor para o usuário. O fluxograma final está representado na Figura 3.22

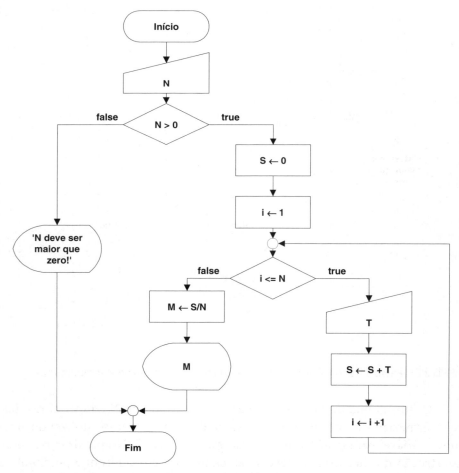

FIGURA 3.22 Fluxograma final para o problema das temperaturas.

Agora é o momento de verificar se esse fluxograma está correto ou não. É necessário realizar testes com diversos valores de entrada (corretos ou não) e, ao simular o fluxograma, sempre alcançar o símbolo **Fim** com valores coerentes.

Serão definidos dois conjuntos de testes:

- com valores de entrada suspeitos: $N = -1$ e temperaturas da lista (10,11,12);
- com valores de entrada corretos: $N = 3$ e temperaturas da lista (10,11,12).

Utilizando o primeiro conjunto de valores e seguindo o Algoritmo 3.3 de interpretação de fluxogramas, obtém-se a Tabela 3.3.

TABELA 3.3 Simulação do fluxograma com valores de entrada errados.

		Valor das variáveis				
Passo	Comando	N	S	i	T	M
1	Entrada (digitar: –1)	–1	?	?	?	?
2	Decisão (false: $N < 0$)	–1	?	?	?	?
3	Exibição (exibir: 'N deve ser maior que zero!')	–1	?	?	?	?

Nesse caso, o fluxograma apresentou como resposta a exibição da mensagem 'N deve ser maior que zero!' e terminou. Isso era esperado, já que para os valores negativos de N não deveria ser produzida nenhuma média. Realizando a simulação com o segundo conjunto de valores de entrada, obtém-se a Tabela 3.4.

Observe que, por essa simulação, se verificou que o fluxograma da Figura 3.22 fornece os resultados corretos também. Basta checar: com $N = 3$ valores digitados (10,11,12) foi produzido e exibido o valor $M = 11$, que é a média desses valores particulares. É interessante, para praticar, testar esse mesmo fluxograma com outros valores de teste.

TABELA 3.4 Simulação do fluxograma com valores de entrada corretos.

Passo	Comando	\multicolumn{5}{c}{Valor das variáveis}
		N	S	i	T	M
1	Entrada (digitar: 3)	3	?	?	?	?
2	Decisão (true: $N > 0$)	3	?	?	?	?
3	Processo ($S \leftarrow 0$)	3	0	?	?	?
4	Processo ($i \leftarrow 1$)	3	0	1	?	?
5	Decisão (true: $i <= N$)	3	0	1	?	?
6	Entrada (digitar: 10)	3	0	1	10	?
7	Processo ($S \leftarrow S+T$)	3	10	1	10	?
8	Processo ($i \leftarrow i+1$)	3	10	2	10	?
9	Decisão (true: $i <= N$)	3	10	2	10	?
10	Entrada (digitar: 11)	3	10	2	11	?
11	Processo ($S \leftarrow S+T$)	3	21	2	11	?
12	Processo ($i \leftarrow i+1$)	3	21	3	11	?
13	Decisão (true: $i <= N$)	3	21	3	11	?
14	Entrada (digitar: 12)	3	21	3	12	?
15	Processo ($S \leftarrow S+T$)	3	33	3	12	?
16	Processo ($i \leftarrow i+1$)	3	33	4	12	?
17	Decisão (false: $i > N$)	3	33	4	12	?
18	Processo ($M \leftarrow S/N$)	3	33	4	12	11
19	Exibição (exibir: 11)	3	33	4	12	11

3.6 PORTUGUÊS ESTRUTURADO

O Português Estruturado, ou Portugol, é uma técnica textual de representação de algoritmos na qual as estruturas de programação são representadas por um subconjunto de palavras da língua portuguesa. As características básicas do Portugol serão apresentadas a seguir por meio de exemplos.

3.6.1 ALGORITMO MÍNIMO EM PORTUGOL

Um algoritmo em Portugol é delimitado pelas palavras *Início* e *Fim*, segundo o Algoritmo 3.6.

ALGORITMO 3.6 Algoritmo mínimo em Portugol.

Início
Fim

3.6.2 ALGORITMO EM PORTUGOL COM COMANDOS SEQUENCIAIS

As instruções sequenciais são escritas de forma similar às de fluxogramas. Por exemplo, a representação em Portugol de um algoritmo para calcular expressões sequenciais está apresentada no Algoritmo 3.7.

ALGORITMO 3.7 Algoritmo em Portugol com instruções sequenciais.

Início
  1. $x \leftarrow x + 1$
  2. $t \leftarrow sin(0.23)$
Fim

A interpretação de comandos sequenciais é a mesma de fluxogramas. A partir da marca de início do algoritmo interpreta-se cada instrução sequencialmente, até encontrar a marca do seu término.

Note que se utiliza a mesma notação para escrever comandos de atribuição de variáveis e também para escrever expressões. Observe que o deslocamento para a direita é proposital: esse deslocamento ou indentação permite uma leitura mais fácil do algoritmo. Este tipo de formatação será utilizado em todos os algoritmos reapresentados em Portugol neste livro.

3.6.3 ALGORITMO EM PORTUGOL COM COMANDOS PARA LEITURA OU EXIBIÇÃO

Os comandos para leitura e exibição de valores são representados pelas rotinas *Ler* e *Exibir*. Um exemplo de aplicação é o Algoritmo 3.8, referente ao problema para calcular a força exercida pela coluna de um líquido sobre a área da válvula de um reservatório, conforme descrito pela Figura 3.2.

ALGORITMO 3.8 Algoritmo em Portugol com comandos de leitura e exibição.

Início
1. $Ler(d, h, gama)$
2. $F \leftarrow 3.1415 * gama * srq(d) / 4$
3. $Exibir(F)$

Fim

Tanto em *Ler* quanto em *Exibir*, as variáveis (e/ou constantes) são separadas por vírgula. No caso específico de *Ler*, exige-se que seus parâmetros sejam apenas variáveis, pois não tem sentido realizar uma leitura para um valor constante.

Assume-se que a semântica de *Ler* é assim: para-se na linha onde o comando *Ler* foi executado e aguarda-se a entrada de valores para todas as variáveis utilizadas como parâmetros, continuando a execução na linha imediatamente a seguir desse comando. Após a leitura, as variáveis utilizadas em *Ler* assumirão os valores fornecidos pelo usuário.

Do mesmo modo, a semântica do comando *Exibir* é assim: apresentam-se ao usuário os valores de todas as variáveis utilizadas nesse comando. Em ambos os casos, a tecnologia de entrada ou de saída não é importante.

3.6.4 ALGORITMO EM PORTUGOL COM COMANDOS DE DECISÃO

Para exemplificar um algoritmo em Portugol com estruturas de decisão será utilizado o algoritmo para calcular as raízes de uma equação de 2º grau pelo método de Bhaskara, especificado pelo fluxograma da Figura 3.16. Esse mesmo algoritmo, em Portugol, está apresentado no Algoritmo 3.9.

ALGORITMO 3.9 Algoritmo em Portugol com estruturas de decisão.

Início
1. $Ler(A, B, C)$
2. **Se** $A = 0$ **Então**
3. $Exibir$('Não é uma equação do 2º grau')
4. **Senão**
5. $D \leftarrow sqr(B) - 4 * A * C$
6.   **Se** $D < 0$ **Então**
7. $Exibir$('Não existem raízes reais')
8.   **Senão**
9. $r1 \leftarrow (-B + sqrt(D))/(2 * A)$
10. $r2 \leftarrow (-B - sqrt(D))/(2 * A)$
11. $Exibir(r1, r2)$
12.   **Fim Se**
13. **Fim Se**

Convenciona-se aqui finalizar o comando **Se** com **Fim Se** para não haver confusões.

É importante entender a interpretação correta de comandos de decisão quando se utiliza Portugol. Enquanto em fluxogramas há um desvio de caminho para um lado esquerdo ou direito do símbolo de decisão, em Portugol, após a avaliação de uma instrução de decisão, efetua-se um "salto" no texto do algoritmo. Por exemplo, se na linha 6 do Algoritmo 3.9 a expressão lógica $D < 0$ resultar em um valor lógico verdadeiro, deve-se seguir o algoritmo na linha 7, se não seguir o algoritmo na linha 9.

3.6.5 ALGORITMO EM PORTUGOL COM COMANDOS DE REPETIÇÃO

Em Portugol pode-se especificar comandos de repetição de três formas distintas, formalizadas no Capítulo 4. Aqui o Algoritmo 3.10 exemplifica um algoritmo em Portugol com comando de repetição que especifica o algoritmo de Euclides, que calcula o máximo divisor comum entre dois números inteiros, apresentado anteriormente no Fluxograma 3.17.

ALGORITMO 3.10 Algoritmo em Portugol com estrutura de repetição.

Início
1. $Ler(x, y)$
2. **Enquanto** $y <> 0$ **Faça**
3. $\quad r \leftarrow x \bmod y$
4. $\quad x \leftarrow y$
5. $\quad y \leftarrow r$
6. **Fim Enquanto**
7. $Exibir(x)$

Fim

O comando de repetição apresentado no Algoritmo 3.10 é um exemplo de utilização da estrutura de programação ENQUANTO-FAÇA, formalizada no Capítulo 4. Ela possibilita a execução repetitiva de comandos enquanto a expressão condicional associada ao controle de repetição (anotada próxima à palavra **Enquanto**) for avaliada como verdadeira.

Assim, a explicação de como simular esta estrutura é similar à apresentada para comandos de decisão: se na linha 2 do Algoritmo 3.10 a expressão lógica $y <> 0$ for avaliada como verdadeira, as instruções das linhas 3–5 serão todas executadas. Depois a linha 2 será novamente avaliada e, se ainda resultar um valor lógico verdadeiro, implicará repetição das linhas 3–5, e assim por diante.

É importante que todo algoritmo com comandos de repetição permita que esses terminem a repetição em algum momento. Se isso não acontecer, o algoritmo repetirá instruções indefinidamente, que provavelmente constituirá um comportamento indesejado.

O Algoritmo 3.10 encerra seu comando de repetição quando $y = 0$, que certamente ocorrerá. Nesse caso, as linhas 3–5 serão ignoradas e a execução "pula" para a linha 7, exibindo o valor calculado, o máximo divisor comum entre x e y.

3.6.6 SIMULAÇÃO DE ALGORITMOS EM PORTUGOL

A simulação de um algoritmo em Portugol é realizada da mesma forma que a de um fluxograma (veja a Seção 3.5.5). A partir de um algoritmo em Portugol definem-se casos de teste e depois, nas simulações, elaboram-se tabelas de variáveis para conferir se o algoritmo está correto ou não.

A única diferença na simulação é que em Portugol, como não existem setas indicando os caminhos a percorrer, segue-se sequencialmente a numeração, executando os respectivos comandos e pulando para linhas não sequenciais apenas como resultado da interpretação de comandos de decisão ou de repetição.

Apenas para fins de comparação, segue a versão em Portugol do algoritmo representado pelo fluxograma da Figura 3.22. Experimente simulá-lo com os mesmos valores que os utilizados na Seção 3.5.5. Verifique se serão obtidos os mesmos resultados.

ALGORITMO 3.11 Algoritmo em Portugol para o problema das temperaturas.

Início
1. $Ler(N)$
2. **Se** $N > 0$ **Então**
3. $S \leftarrow 0$
4. $i \leftarrow 1$
5.   **Enquanto** $i <= N$ **Faça**
6. $Ler(T)$
7. $S \leftarrow S + T$
8. $i \leftarrow i + 1$
9.   **Fim Enquanto**
10. $M \leftarrow S / N$
11. $Exibir(M)$
12. **Senão**
13. $Exibir(\text{'N deve ser maior que zero!'})$
14. **Fim Se**
Fim

3.7 OUTRAS REPRESENTAÇÕES DE ALGORITMOS

3.7.1 DIAGRAMAS DE NASSI-SCHNEIDERMANN

São diagramas que representam o algoritmo por uma "grande caixa" cujo interior é subdividido de forma conveniente a permitir o fácil entendimento do algoritmo. Essa "grande caixa" pode ocupar uma folha inteira ou parte dela.

3.7.1.1 ALGORITMO EM NASSI-SCHNEIDERMANN COM COMANDOS SEQUENCIAIS

Um algoritmo com comandos sequenciais é representado por subdivisões retangulares internas como mostrado na Figura 3.23, cada uma significando um comando.

Leia(d, gama, h)
F ← 3.1415*gama*sqr(d)/4
Exiba(F)

FIGURA 3.23 Algoritmo em Nassi-Schneidermann com comandos sequenciais.

3.7.1.2 ALGORITMO EM NASSI-SCHNEIDERMANN COM COMANDOS DE DECISÃO

Os comandos condicionais são representados conforme a Figura 3.24, tomando como exemplo a resolução da equação de 2º grau por Bhaskara. Observa-se a bifurcação do teste.

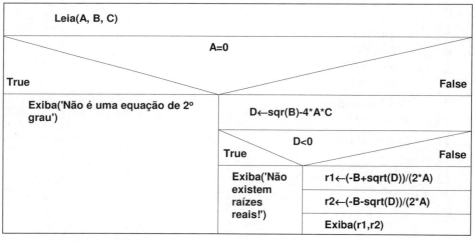

FIGURA 3.24 Algoritmo em Nassi-Schneidermann com comandos de decisão.

3.7.1.3 ALGORITMO EM NASSI-SCHNEIDERMANN COM COMANDOS DE REPETIÇÃO

Um exemplo de aplicação de comando de repetição com Nassi-Schneidermann é ilustrado na Figura 3.25, tomando como exemplo a leitura e a soma de N elementos. O "L" invertido abriga as instruções a serem repetidas.

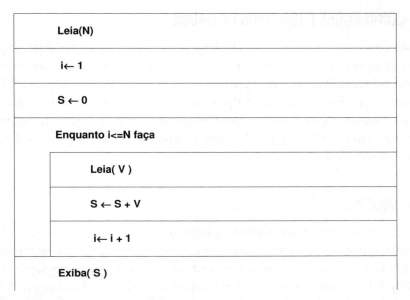

FIGURA 3.25 Algoritmo em Nassi-Schneidermann com comando de repetição.

Outro exemplo de aplicação de comando de repetição é apresentado na Figura 3.26, tomando como exemplo a leitura e a soma de N elementos. O "L" abriga as instruções a serem repetidas. Não é necessário digitar a palavra **repita**.

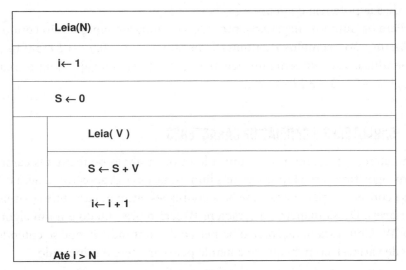

FIGURA 3.26 Outro algoritmo em Nassi-Schneidermann com comando de repetição

3.8 CONVENÇÕES PARA TIPOS DE DADOS

Um algoritmo (em fluxograma ou Portugol) não indica explicitamente o tipo do valor que opera. Números tais como 4 e 67 podem ser utilizados como números inteiros ou reais. Por sua vez, números como 45,78 e 55,0987 são com certeza números reais. Existem ainda os tipos para as cadeias de caracteres, caracteres simples e valores lógicos. Assim, com o objetivo de implementar futuramente os algoritmos em uma linguagem de programação, será convencionado o formato desses tipos de dados.

3.8.1 NÚMEROS

Os números manipulados em um algoritmo podem ser inteiros ou reais. Os números inteiros são escritos sem separador de decimal; por exemplo, 10, 334, 13 etc. Os números reais serão escritos separando-se a parte decimal com um *ponto*. Portanto, entende-se como números reais os valores como 3.1415, 45.98, 1.0 etc.

Alternativamente, esses números reais (principalmente quando muito grandes) podem ser escritos em notação científica (ou notação exponencial), expressando o número em potências de dez. Dessa forma, a constante de Avogrado, 6.02×10^{23}, pode ser escrita em um algoritmo com a seguinte notação científica: 6.02E23. Utiliza-se, por conseguinte, o símbolo *E* para separar o número de sua potência de dez.

Para os números negativos, precede-se o número em questão com o sinal "–". Assim, são exemplos de números negativos: –3, –0.9, –12 etc. Em notação científica, se o expoente for negativo, precede-se seu valor com o sinal "–". Exemplos: 4.5E–3, –3.5E–45 etc.

3.8.2 CARACTERES E CADEIAS DE CARACTERES

Os caracteres representam uma única letra ou símbolo de texto. Os caracteres em um algoritmo serão representados limitando-os com apóstrofes. Será utilizada essa convenção para evitar que haja confusões entre os caracteres e os nomes de variáveis. Dessa maneira, o caractere *W* será representado em um algoritmo como 'W'. Com essa notação, não há perigo de confundir *h*, que se entende por nome de variável, com 'h', que se entende pelo caractere *h* minúsculo.

Os símbolos fora do alfabeto também são representados como caracteres: '@', '\', '/' etc. O espaço em branco entra nessa categoria também: ' '. As cadeias de caracteres, ou simplesmente *strings* (cordões de caracteres), representam um conjunto ordenado de caracteres, significando palavras, mensagens ou ainda pequenos textos. Uma cadeia de caracteres será representada limitando-a com apóstrofes. Assim, são exemplos de cadeias de caracteres: 'Olá', '123XYZ', '098-33#' etc.

As cadeias de caracteres podem conter quaisquer caracteres, incluindo os espaços em branco. Dessa forma, as cadeias 'Bom dia' e 'Erro no Aplicativo' contêm espaços em branco. Deve-se ter cuidado com a diferença entre os números e uma cadeia de caracteres que contém caracteres que representam números. São completamente diferentes os valores 123, que é um inteiro, de '123', que é uma cadeia que contém os caracteres '1', '2', e '3'.

Normalmente, em linguagens de programação, existe uma limitação para o número de caracteres em uma cadeia. Será convencionado o limite de 255 caracteres.

3.8.3 VALORES LÓGICOS

Os valores lógicos ou booleanos (em homenagem a George Boole, que elaborou a lógica booleana) são aqueles que representam apenas dois estados: um estado verdadeiro ou um estado falso. Os valores booleanos serão convencionados segundo a grafia inglesa. Assim, o valor **verdadeiro** será escrito *true* e o valor **falso**, *false*. O uso desses valores em expressões lógicas será estudado adiante.

3.9 CONVENÇÕES PARA OS NOMES DE VARIÁVEIS

As variáveis utilizadas em um algoritmo devem ser escritas de modo claro, inteligível. Nesse sentido, convencionam-se algumas regras para nomear as variáveis:

1. Os nomes podem ter até 63 caracteres de comprimento.
2. Os nomes devem ser iniciados por um caractere alfabético (letra) ou pelo caractere '_'.
3. Os nomes podem possuir números, desde que se iniciem por letra.

4. Além de letras, números e o caractere '_', não é aceito nenhum outro símbolo.
5. Letras fora do alfabeto ocidental, como as letras gregas, não são aceitas.
6. Não se fará diferenciação entre as letras maiúsculas e minúsculas nos nomes de variáveis.

Exemplos de nomes válidos de variáveis: *A, Ba*12, *A*1543*T, CustoTotal, Pagamento, Nome, Lista, Contador, Valores, Indice, Resultado_Final, C3PO, NCC*1701, *R2D2*.

Exemplos de nomes inválidos: 1*QA*, por começar com valor numérico; *Preço*, por possuir caracter especial (ç); *C & A* pelo mesmo motivo anterior (&); *Resultado Final* (espaço em branco); *Media – final*, pois o sinal de menos é reservado para a operação de subtração.

3.10 CONVENÇÕES PARA AS EXPRESSÕES

3.10.1 OPERAÇÃO DE ATRIBUIÇÃO

Atribuição é a operação que permite armazenar um valor em uma variável. Para essa operação, será utilizado o símbolo ← (seta para a esquerda), e a variável que receberá esse valor ou resultado de uma expressão deverá estar do lado esquerdo da seta.

Dessa forma, pode-se ler a expressão *A* ← 6 como **armazenar o valor 6 na variável** *A*, ou ainda como **A recebe 6**. Ainda é possível escrever *A* ← *A* + 1, que significa *A* **recebe o valor de** *A* + 1. O símbolo ← foi escolhido para evitar confusões com o operador =, reservado para a realização de comparações.

Em um fluxograma, a atribuição somente pode ser utilizada em blocos que representam processos ou comandos (veja a Figura 3.27).

Nesse exemplo, ao entrar com um valor para a variável *A*, será obtido como resultado o valor original acrescido de 1. Se *A* for 5, o resultado exibido será 6.

Do mesmo modo, em algoritmos em Portugol, a atribuição somente pode ser utilizada em comandos sequenciais, um por linha (veja o Algoritmo 3.12).

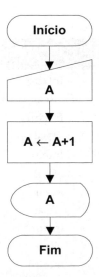

FIGURA 3.27 Exemplo do comando de atribuição.

ALGORITMO 3.12 Algoritmo em Portugol com exemplo do comando de atribuição.

Início
1. $Ler(A)$
2. $A \leftarrow A+1$
3. $Exibir(A)$

Fim

3.10.2 OPERAÇÕES ARITMÉTICAS

São definidas as quatro operações aritméticas: adição, subtração, multiplicação e divisão. Dependendo dos operadores e do tipo de resultado, a divisão pode ter de ser feita de forma diferente: a **divisão real**, a **divisão inteira** e o **resto da divisão inteira**. Essas operações matemáticas são consideradas operações binárias, pois envolvem sempre dois operandos.

A operação troca de sinal é unária, pois altera o sinal de um único operando. Um resumo das operações aritméticas é apresentado na Tabela 3.5.

TABELA 3.5 Operações aritméticas.

Operação	1º operando (A)	2º operando (B)	Tipo resultante (C)	Simbologia
Adição	Inteiro	Inteiro	Inteiro	$C \leftarrow A + B$
	Real	Real	Real	
	Real	Inteiro	Real	
	Inteiro	Real	Real	
Subtração	Inteiro	Inteiro	Inteiro	$C \leftarrow A - B$
	Real	Real	Real	
	Real	Inteiro	Real	
	Inteiro	Real	Real	
Multiplicação	Inteiro	Inteiro	Inteiro	$C \leftarrow A * B$
	Real	Real	Real	
	Real	Inteiro	Real	
	Inteiro	Real	Real	
Divisão real	Inteiro	Inteiro	Real	$C \leftarrow A / B$
	Real	Real	Real	
	Real	Inteiro	Real	
	Inteiro	Real	Real	
Divisão inteira	Inteiro	Inteiro	Inteiro	$C \leftarrow A \text{ div } B$
Resto	Inteiro	Inteiro	Inteiro	$C \leftarrow A \text{ mod } B$
Troca de sinal	Inteiro	Não aplicável	Inteiro	$C \leftarrow -A$
	Real	Não aplicável	Real	

As operações aritméticas apresentadas abrangem os números inteiros e os números reais. No entanto, será convencionado que a operação de adição (+) também poderá ser aplicada à cadeia de caracteres. Nesse caso, representa a operação de **concatenação**, isto é, permite a junção de duas ou mais cadeias de caracteres. Por exemplo, se a variável A contém a cadeia 'República ' (existe um espaço após a última letra) e a variável B contém a cadeia 'Federativa', a operação $C \leftarrow A + B$ resultará em C, a cadeia 'República Federativa'.

Como exemplo do uso de operações aritméticas com números, segue na Figura 3.28 o fluxograma que, dados dois números inteiros A e B, calcula o cociente Q e o resto R da divisão inteira de A por B. O respectivo algoritmo em Portugol está apresentado no Algoritmo 3.13.

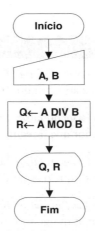

FIGURA 3.28 Exemplo de operadores aritméticos.

ALGORITMO 3.13 Exemplo de operadores aritméticos.

Início
1. $Ler(A, B)$
2. $Q \leftarrow A\ div\ B$
3. $R \leftarrow A\ mod\ B$
4. $Exibir(Q, R)$

Fim

3.10.3 OPERAÇÕES RELACIONAIS

As operações relacionais permitem efetuar comparações entre duas variáveis. Essas operações são largamente utilizadas em estruturas condicionais e em repetitivas. Já que essas operações dependem de testes de valores e, **todo resultado de um teste só pode ser *true* ou *false*,** seu resultado é um valor **booleano**. Os operadores relacionais são apresentados na Tabela 3.6.

As operações relacionais também são definidas para as cadeias de caracteres. Nesse caso, vale a avaliação **lexicográfica**, como nos dicionários (mas baseando-se na ordem da tabela ASCII). Assim, se a variável A possui a cadeia 'Banana' e se a variável B contém 'Banana d'água', então $A < B$ é *true*; $A > B$ é *false*, e assim por diante. A comparação de cadeias é sensível ao caso: 'Banana' <> 'banana' e 'Banana' < 'banana' (pois o caractere 'B' tem código ASCII menor que o caractere 'b').

TABELA 3.6 Operações relacionais.

Operador	Significado	Resultado
=	Igualdade	Booleano (*true* ou *false*). Sendo *true*, se o primeiro operando for igual ao segundo e *false*, se diferentes.
<	Menor	Booleano (*true* ou *false*). Sendo *true*, se o primeiro operando for menor que o segundo e *false*, caso contrário.
>	Maior	Booleano (*true* ou *false*). Sendo *true*, se o primeiro operando for maior que o segundo e *false*, caso contrário.
<=	Menor ou igual	Booleano (*true* ou *false*). Sendo *true*, se o primeiro operando for menor ou igual ao segundo e *false*, caso contrário.
>=	Maior ou igual	Booleano (*true* ou *false*). Sendo *true*, se o primeiro operando for maior ou igual ao segundo e *false*, caso contrário.
<>	Diferente	Booleano (*true* ou *false*). Sendo *true*, se o primeiro operando for diferente do segundo e *false*, caso sejam iguais.

3.10.4 OPERAÇÕES LÓGICAS

São operações efetuadas com os valores booleanos (***true*** ou ***false***) resultando em valores booleanos. Essas operações são largamente utilizadas em estruturas condicionais e em repetitivas, já que essas estruturas dependem de testes de valores. Os operadores lógicos têm a função de advérbio na linguagem de programação. Cada operador lógico tem a sua "tabela verdade" composta por: ***not***, ***and*** e ***or***.

O operador ***not*** representa a negação do valor booleano – sua inversão. O operador ***and*** realiza o teste simultâneo de duas condições – resulta o valor *true* somente quando ambos operandos são *true*. Já para o operador ***or***, basta que uma das condições seja *true*, para que o resultado seja *true*. A Tabela 3.7 exibe a tabela verdade dos operadores lógicos.

Assim, considerando-se as seguintes variáveis com valores iniciais indicados, $A = 3$, $B = 7$, $C = -1$, a expressão $not((C > 0) \, and \, ((B - A) > 2))$ resulta em *true*, pois $C > 0$ é *false* e $((B - A) > 2)$ é *true*, resultando a operação *and* aplicada nessas expressões em *false*. Por fim, o resultado $not(false)$ fornece seu inverso lógico, ou seja, *true*.

TABELA 3.7 Operações lógicas.

Operador lógico	1º operando (A)	2º operando (B)	Resultado (C)	Simbologia
NOT	true	Não aplicável	false	$C \leftarrow not\ A$
	false	Não aplicável	true	
AND	true	true	true	$C \leftarrow A\ and\ B$
	true	false	false	
	false	true	false	
	false	false	false	
OR	true	true	true	$C \leftarrow A\ or\ B$
	true	false	true	
	false	true	true	
	false	false	false	

3.10.5 EXPRESSÕES

Se prestarmos atenção, todas as operações discutidas são levadas a efeito com um ou dois operandos de cada vez. Uma expressão contendo diversos operandos deve ser avaliada de acordo com a **precedência** dos operadores envolvidos. A precedência dos operadores indica, em uma expressão, qual operação será realizada antes das outras.

Os operadores aritméticos possuem a seguinte precedência, do maior para o menor:

1. Troca de sinal (" – " unário).
2. *, /, *mod*, *div* na ordem em que aparecerem.
3. + e –.

Por exemplo, a expressão $A \leftarrow 24/6/2 - 127\ div\ 7\ mod\ 5$ deve ser assim avaliada:

$$A \leftarrow 2 - 18\ mod\ 5$$
$$A \leftarrow 2 - 3$$
$$A \leftarrow -1$$

De forma diferente da Matemática, na qual as expressões podem ser agrupadas com chaves, colchetes e parênteses, aqui o único elemento de agrupamento de expressões válido serão os parênteses. Assim, em expressões contendo parênteses, a precedência é ligeiramente alterada:

1. Resolver o nível mais interno de parênteses usando a precedência de operações:
   (a) Troca de sinal (" – " unário).
   (b) *, /, *mod*, *div* na ordem em que aparecerem.
   (c) + e –.
2. Passar para o próximo nível, sempre do mais interno para o mais externo, utilizando a precedência de operações.

No caso de operadores lógicos, a precedência é (do maior para o menor): *not*, *and* e por fim *or*. Esta última também pode ser alterada, da mesma forma, pelo uso de parênteses. Finalmente, em um último nível da hierarquia dos operadores, têm-se os operadores relacionais.

A Tabela 3.8 fornece a precedência de todos os operadores vistos até este ponto.

TABELA 3.8 Precedência dos operadores.

Hierarquia	Operadores
1	*not*
2	*, /, *div*, *mod*, *and*
3	+, –, *or*
4	>, >=, <, <=, =, <>

3.11 SUB-ROTINAS PREDEFINIDAS

Até este ponto foram apresentados os tipos de dados básicos para a construção de fluxogramas e suas operações. No entanto, surge um problema caso seja necessário definir as operações com funções matemáticas conhecidas, como *seno*, *logaritmos* e outras. Além disso, a única operação que foi apresentada para as cadeias de caracteres foi a concatenação. Como fazer, então, para extrair parte de um nome, por exemplo?

Em princípio, todas as operações necessárias poderiam ser definidas via novos algoritmos. Entretanto, este é um trabalho desnecessário, pois a maior parte das linguagens de programação (em uma continuação do estudo apresentado neste livro) mostra um conjunto de **sub-rotinas** que resolvem problemas básicos matemáticos e de cadeias de caracteres.

Considere, por enquanto, como uma sub-rotina um algoritmo que foi escrito e que está pronto para o uso. Uma sub-rotina pode apresentar **parâmetros**, que servem para passar valores a serem calculados. Uma sub-rotina tipo **função** é aquela que produz um valor diretamente. E uma sub-rotina tipo **procedimento** é a que não produz um valor ou produz um valor indiretamente, via um de seus parâmetros. Os conceitos de como escrever novas sub-rotinas são assuntos do Capítulo 6.

Nas seções a seguir serão convencionadas as sub-rotinas válidas para ser utilizadas neste livro. Qualquer operação não mencionada nas tabelas 3.9 e 3.10 poderá ser implementada com o uso de uma ou mais sub-rotinas apresentadas.

3.11.1 FUNÇÕES MATEMÁTICAS

Consideram-se válidas as seguintes funções predefinidas, comuns a várias linguagens de programação de alto nível, expostas na Tabela 3.9.

Os argumentos dessas funções podem ser números reais ou inteiros e o tipo de resultado produzido é apresentado na própria tabela. Dessa tabela seguem algumas observações. Na primeira delas, as funções *int* e *frac* servem para "destrinchar" números reais, resultando em novos números reais. Por exemplo, a expressão $A \leftarrow int(3.1415)$ resulta em $A = 3.0$ e a expressão $A \leftarrow frac(3.1415)$, em $A = 0.1415$. Já a função *trunc* serve para arredondar um número real para um número inteiro imediatamente inferior e a função *round* serve para arredondar um número real para um número inteiro mais próximo. Dessa forma, a expressão $A \leftarrow trunc(3.1415)$ resulta em $A = 3$ (inteiro), e a expressão $A \leftarrow round(3.1415)$, em $A = 3$ (o arredondamento é realizado para o inteiro mais próximo).

As funções trigonométricas apresentadas utilizam e resultam ângulos em radianos. Assim, caso seja necessário calcular o seno de 33°, esse arco deverá ser convertido em radianos com a expressão $33 \times \pi / 180$, resultando em ≈ 0.58 radianos.

TABELA 3.9 Funções matemáticas.

Função	Utilidade	Tipo do resultado
$ln(x)$	Retorna o valor do logaritmo neperiano de x.	Real
$exp(x)$	Retorna o valor de e^x.	Real
$int(x)$	Retorna a parte inteira de x.	Real
$frac(x)$	Retorna a parte fracionária de x.	Real
$trunc(x)$	Retorna a parte inteira de x.	Inteiro
$round(x)$	Arredonda x para o próximo inteiro.	Inteiro
$sqr(x)$	Retorna x^2.	Real
$sqrt(x)$	Retorna $\sqrt{x}$.	Real
$sin(x)$	Retorna o seno de x.	Real
$cos(x)$	Retorna o cosseno de x.	Real
$arctan(x)$	Retorna o arco, em radianos, cuja tangente é x.	Real
$abs(x)$	Retorna o módulo de x ($|x|$).	Real ou Inteiro

Um exemplo de aplicação das funções dessa tabela é o cálculo da expressão x^y para todo $x > 0$. Nota-se que não existe uma função pronta para realizar esse cálculo. No entanto, uma expressão equivalente utilizando funções da Tabela 3.9 pode ser desenvolvida, considerando-se as seguintes igualdades:

$$z = x^y$$
$$\ln(z) = y \ln x$$
$$z = e^{y \ln x}$$

Assim, a expressão para calcular x^y utilizando as funções da Tabela 3.9 é $exp(y * ln(x))$. Entretanto, deve-se prestar atenção a valores negativos na base, ou seja, à variável x. Um fluxograma bem simples para calcular o valor de x e y

fornecidos está descrito na Figura 3.29 e seu respectivo algoritmo em Portugol está descrito no Algoritmo 3.14.

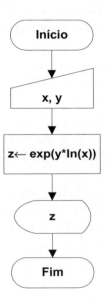

FIGURA 3.29 Exemplo do uso de funções matemáticas.

ALGORITMO 3.14 Exemplo do uso de funções matemáticas.

Início

1. $Ler(x, y)$
2. $z \leftarrow exp(y * ln(x))$
3. $Exibir(z)$

Fim

3.11.2 FUNÇÕES E PROCEDIMENTOS PARA AS CADEIAS DE CARACTERES

As cadeias de caracteres também podem ser manipuladas. Convencionam-se as operações de cadeias de caracteres segundo a Tabela 3.10.

TABELA 3.10 Funções e procedimentos para as cadeias de caracteres.

Operação	Significado	Exemplos
length(s)	Fornece como resultado o número de caracteres que compõem uma cadeia S.	N ← length('Olá') O valor de N é 3.
concat(S1, S2)	Une duas cadeias, a segunda (S2) no final da primeira (S1), formando uma nova cadeia.	S ← concat('Bom','Dia') O valor de S é 'BomDia'.
copy(S, ini, num)	Retorna (copia) a uma nova cadeia de caracteres com os num elementos da cadeia S a partir da posição ini.	S ← copy('Turbo Pascal', 7,6) O valor de S é 'Pascal'.
insert(S1, S2, ini)	Insere uma nova cadeia (S1) na posição ini de S2, deslocando para a esquerda o resto da cadeia original (S2).	S ← 'Turbo 7.0' insert('Pascal',S,7) O valor de S é 'Turbo Pascal7.0'.
pos(S1, S2)	Fornece como resultado a posição na qual a cadeia S1 começa dentro da cadeia S2. Se a cadeia S1 não existir em S2, o resultado será zero.	I ← pos('Pascal', 'Turbo Pascal') Aqui o valor de I é 7, mas I ← pos('pascal', 'Turbo Pascal') O valor de I é 0. Existe diferença entre maiúsculas e minúsculas nessa função.

Por exemplo, um fluxograma que lê o nome de um estudante e, então, exibe a mensagem de que ele será aprovado em computação ficaria assim representado pela Figura 3.30. O respectivo algoritmo em Portugol está descrito no Algoritmo 3.15.

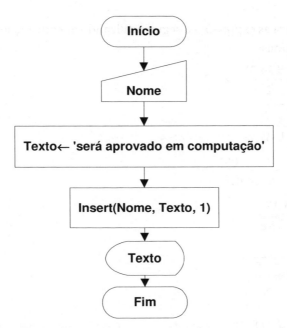

FIGURA 3.30 Exemplo do uso de operações com cadeias de caracteres.

ALGORITMO 3.15 Exemplo do uso de operações com cadeias de caracteres.

Início
1. *Ler(Nome)*
2. *Texto* ← 'será aprovado em computação'
3. *Insert(Nome,Texto,1)*
4. *Exibir(Texto)*

Fim

3.12 EXERCÍCIOS

3.1. ☼ ✎ Elabore um fluxograma e um algoritmo em Portugol que calculem quantas notas de 50, 10 e 1 são necessárias para pagar uma conta cujo valor é fornecido.

3.2. ☼ Reescreva as expressões a seguir, utilizando as convenções adotadas para os fluxogramas:

a) $C = 3 \cdot \dfrac{(5+3)}{2 \cdot 3} - 4 + 7$

b) $q = \sqrt{\dfrac{g \cdot P_m^5}{L \cdot V_m}}$

c) $\eta = 1 - \dfrac{\omega}{\mu} \cdot \dfrac{tg\varepsilon}{sen(\beta + \varepsilon)}$

d) $k_0 = \dfrac{3 \cdot 10^{-7}}{\sqrt[5]{Re}}$

e) $D = \dfrac{3}{2 + \dfrac{5}{2 + \dfrac{1}{3}}}$

f) $L_p = \dfrac{(d-t)^4 \cdot \pi}{32}$

g) $H_{vl} = T_A \cdot \dfrac{\omega^2}{2 \cdot g} \cdot \dfrac{L}{t} \cdot \dfrac{tg\ \varepsilon}{sen\ \beta}$

3.3. ☼ Resolva as expressões abaixo destacando o resultado final:

a) $A \leftarrow (18/3/2-1)*5-4-(2+3+5)/2$

b) $B \leftarrow 26/6/2-127\ div\ 7\ mod\ 5$

c) $C \leftarrow 7\ mod\ 4 - 8/(3+1)$

d) $D \leftarrow (2 >= 5)\ and\ (1 <> 0)\ and\ not(6 <= 2*3)\ or(10 <> 10)$

e) $E \leftarrow (5 <> 2)\ or\ not(7 > 4)\ and\ (4 <= pi)$

3.4. ☼ Considerando as seguintes atribuições, $R \leftarrow 2$, $S \leftarrow 5$, $T \leftarrow -1$, $X \leftarrow 3$, $Y \leftarrow 1$ e $Z \leftarrow 0$, resolva as expressões abaixo:

a) $A \leftarrow (R >= 5)\ or\ (T > Z)\ and(X - Y + R > 3*Z)$

b) $B \leftarrow (abs(T) + 3 >= 4)\ and\ not(3*R/2 < S*3)$

c) $C \leftarrow (X = 2)\ or\ (Y = 1)\ and\ ((Z = 0)\ or\ (R > 3))and\ (S < 10)$

d) $D \leftarrow (R <> S)\ or\ not(sqrt(R) < sqrt(X))\ and(4327 * X * S * Z = 0)$

3.5. ☼✎ Elabore um fluxograma e um algoritmo em Portugol que calculem o alcance de um projétil, dada a velocidade inicial v_0 e o ângulo θ entre o cano do canhão e o solo. A fórmula a ser utilizada é:

$$S = \frac{v_0^2}{g} sen(2\theta)$$

3.6. ☼ Elabore um fluxograma e um algoritmo em Portugol que calculem a área de um triângulo pela fórmula de Hierão:

$$K = \sqrt{s(s-a)(s-b)(s-c)}$$

em que K é a área do triângulo, s o semiperímetro e a, b e c os lados do triângulo.

3.7. ☼ Elabore um fluxograma e um algoritmo em Portugol que permitam a entrada de um número inteiro e diga se ele é par ou ímpar.

3.8. ☼ Elabore um fluxograma e um algoritmo em Portugol que leiam dois números (x e y) e escreva como resultado o maior entre eles.

3.9. ☼✎ Elabore um fluxograma e um algoritmo em Portugol que permitam a entrada de dois valores, x e y, troque seus valores entre si e então exiba os novos resultados.

3.10. ♺ O mesmo do Exercício 3.9 com as seguintes exigências: só podem ser utilizadas duas variáveis e operações de adição e subtração.

3.11. ♺✎ Elabore um fluxograma e um algoritmo em Portugol que permitam a entrada de n (lido pelo teclado) valores reais e apresente como resultado o maior entre esses valores.

3.12. ☼ Idem ao Exercício 3.8, só que escreva o menor deles.

3.13. ☼ Elabore um fluxograma e um algoritmo em Portugol que calculem e exibam a média de dois números digitados.

3.14. ♺✎ Elabore um fluxograma e um algoritmo em Portugol que calculem e exibam a média de 500 números fornecidos pelo usuário.

3.15. ☞ Elabore um fluxograma e um algoritmo em Portugol que calculem e exibam a soma dos números pares contidos entre zero e um número par fornecido via teclado.

3.16. ☞ Elabore um fluxograma e um algoritmo em Portugol que calculem e exibam a soma dos números ímpares contidos entre zero e um número ímpar fornecido via teclado.

3.17. ☞ A contribuição para o INSS (interessante para estrutura condicional por ser progressivo) é calculada a partir da tabela a seguir:

TABELA VIGENTE
Tabela de contribuição dos segurados empregado, empregado doméstico e trabalhador avulso, para pagamento de remuneração a partir de 1º de janeiro de 2017
Portaria Ministerial MF nº 8, de 13 de janeiro de 2017

Salário de contribuição (R$)	Alíquota para fins de recolhimento ao INSS (%)
até R$ 1.659,38	8,00 %
de R$ 1.659,39 a R$ 2.765,66	9,00 %
de R$ 2.765,67 até R$ 5.531,31	11,00 %
acima de R$ 5.531,31	valor fixo de R$ 608,44

Elabore um algoritmo (fluxograma, em Portugol) que, para uma entrada do salário bruto, calcule a contribuição ao INSS e o salário líquido restante.

3.18. ☞ O desconto do IRRF (Imposto de Renda Retido na Fonte), também denominado "Mordida do Leão", é calculado sobre o salário líquido após a dedução da contribuição ao INSS, de acordo com a seguinte tabela:

Base de cálculo em R$	Alíquota %	Parcela a deduzir do imposto em R$
Até 1.903,98	–	–
De 1.903,99 até 2.826,65	7,5	142,80
De 2.826,66 até 3.751,05	15	354,80
De 3.751,06 até 4.664,68	22,5	636,13
Acima de 4.664,68	27,5	869,36

Líquido = Bruto-INSS-IR
Líquido = Bruto-INSS-(base*alíquota – parcela)

Elabore um fluxograma e um algoritmo em Portugol que, para uma entrada do salário bruto e após a dedução da contribuição (veja o Exercício 3.17), calculem o desconto do IRRF.

3.19. ☼ Elabore um fluxograma e um algoritmo em Portugol que leiam as quatro notas de prova (*P*1, *P*2, *P*3 e *P*4) e quatro notas de trabalho (*T*1, *T*2, *T*3 e *T*4) e posteriormente exibam a mensagem 'Aprovado' ou 'Não aprovado' dependendo dos valores obtidos, conforme as regras de cálculo definidas a seguir:

- Média de provas: $MP = \dfrac{P1+P2+P3+P4}{4}$
- Média de trabalhos: $MT = \dfrac{T1+T2+T3+T4}{4}$
- Média final: $MF = 0{,}8\,MP + 0{,}2\,MT$
- Situação:

    - se $MF \geq 6{,}0 \Rightarrow$ aprovado;
    - se $MF < 6{,}0 \Rightarrow$ não aprovado.

3.20. ☼ Elabore um fluxograma e um algoritmo em Portugol que transformem uma temperatura fornecida em °C na correspondente em °F. A fórmula de conversão de °F em °C é:

$$°C = \dfrac{5}{9}(°F - 32)$$

3.21. ꕥ Elabore um fluxograma e um algoritmo em Portugol que permitam a entrada de dois valores inteiros e faça uma contagem decrescente desde o maior deles até o menor.

3.22. ꕥ Elabore um fluxograma e um algoritmo em Portugol que permitam a entrada de três valores e faça a contagem desde o primeiro deles até o segundo com passo dado pelo terceiro.

3.23. ꕥ ✎Um número inteiro é considerado triangular se for o produto de três números inteiros consecutivos, como, por exemplo $120 = 4 \times 5 \times 6$. Elabore um fluxograma e um algoritmo em Portugol que, após lerem em um número *n*, verifiquem se ele é ou não triangular.

3.24. ☽ Elabore um fluxograma e um algoritmo em Portugol que leiam um valor n inteiro e verifique se este é ou não primo (número primo é divisível por um e por ele mesmo).

3.25. ☽ Um número palíndromo é aquele que se lido da esquerda para a direita e da direita para a esquerda possui o mesmo valor (por exemplo: 34543). Elabore um fluxograma e um algoritmo em Portugol que leiam um número n, inteiro, e verifique se ele é um palíndromo.

3.26. ☼ Elabore um fluxograma e um algoritmo em Portugol que recebam três valores digitados A, B e C, informando se estes podem ser os lados de um triângulo. O ABC é triângulo se $A < B + C$ e $B < A + C$ e $C < A + B$.

3.27. ☽ Elabore um fluxograma e um algoritmo em Portugol que permitam a entrada de 30 valores e mostre a soma de seus inversos. Observação: o inverso de x é $1/x$.

3.28. ☽ ✎ Elabore um fluxograma e um algoritmo em Portugol que permitam a entrada de n valores e mostre a soma de seus quadrados.

3.29. ☽ Elabore um fluxograma e um algoritmo em Portugol que permitam a entrada de dez valores e calcule o produto de todos eles.

3.30. ☽ ✎ Elabore um fluxograma e um algoritmo em Portugol que representem o algoritmo para calcular a soma dos primeiros 40 termos da sequência definida a seguir, com o valor de A fornecido via teclado:

$$\frac{7 \cdot A}{3}, \frac{7 \cdot A}{6}, \frac{7 \cdot A}{12}, \frac{7 \cdot A}{24}, \frac{7 \cdot A}{48}, \ldots$$

3.31. ☽ Elabore um fluxograma e um algoritmo em Portugol que representem o algoritmo para calcular a soma dos primeiros N termos da sequência definida a seguir, com N fornecido via teclado:

$$\frac{1}{2}, \frac{1}{4}, \frac{1}{6}, \frac{1}{8}, \frac{1}{10}, \ldots$$

3.32. ☼ Elabore um fluxograma e um algoritmo em Portugol que representem o algoritmo para calcular a soma dos primeiros N termos da sequência definida a seguir, com N fornecido via teclado:

$$S = 1 + 2 + 3 + 4 + 5 + \ldots + N$$

3.33. ☔ O número π pode ser calculado por meio da série infinita:

$$\pi = 4 \cdot (1 - \frac{1}{3} + \frac{1}{5} - \frac{1}{7} + \frac{1}{9} - \frac{1}{11} + \frac{1}{13} - \ldots)$$

Elabore um fluxograma e um algoritmo em Portugol que calculem e exibam o valor do número π utilizando a série anterior, até que o valor absoluto da diferença entre o número calculado em uma iteração e o da anterior seja menor ou igual a 0.00000000005.

3.34. ☕ Elabore um fluxograma e um algoritmo em Portugol que, dados dois números complexos $c1$ e $c2$, calculem as seguintes operações: soma, subtração e multiplicação.
Lembrando: um número complexo possui duas partes, uma real (re) e uma imaginária (im), representado genericamente como $c = re + j \cdot im$.

3.35. ☕ O número 3025 possui uma característica interessante, sendo a seguinte: $30 + 25 = 55$ e $55^2 = 3025$. Elabore um fluxograma e um algoritmo em Portugol que verifiquem se um número inteiro de quatro algarismos (digitado) tem essa propriedade ou não.

3.36. ☕ Elabore um fluxograma e um algoritmo em Portugol que representem o algoritmo do cálculo dos 50 primeiros termos da série apresentada a seguir, sendo X um valor digitado:

$$\frac{2 \cdot 3}{X+3}, \frac{2 \cdot 5}{X+5}, \frac{2 \cdot 7}{X+7}, \frac{2 \cdot 9}{X+9}, \ldots$$

3.37. ☕ Qual o resultado exibido pelo fluxograma da Figura 3.31, se o dado de entrada digitado for sua idade?

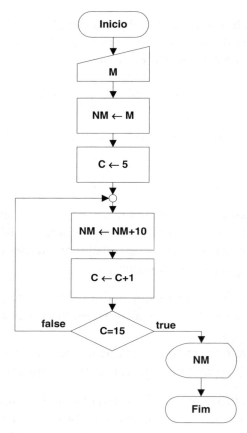

FIGURA 3.31 Fluxograma para o Exercício 3.37.

3.38. ☼ Elabore um fluxograma e um algoritmo em Portugol que calculem e exibam a tensão S de uma barra cilíndrica de diâmetro D submetida a uma carga Q. Os valores de D e Q devem ser digitados via teclado. Utilize a fórmula $S = \dfrac{4 \cdot Q}{\pi \cdot D^2} \cdot n$, considerando as seguintes condições:

- se $D > 100$, então $n = 2$;
- se $D < 50$, então $n = 6$;
- caso contrário, $n = 4$.

3.39. ☾ Altere o Algoritmo 3.14 para calcular x^y para quaisquer valores de x e y (incluindo 0).

3.40. ☾ ✎ Elabore um fluxograma e um algoritmo em Portugol que, dado um valor n inteiro, calculará seu fatorial. Lembrando, o fatorial de um número n é calculado pela expressão:

$$n! = n \cdot (n-1) \cdot (n-2) \cdot (n-3) \cdot \ldots 1$$

3.41. ☾ Elabore um fluxograma e um algoritmo em Portugol que deverão calcular o número de maneiras de escolher r dentre n objetos diferentes, não importando a ordem. Lembrando:

$$C_{n,r} = \frac{n!}{r! \cdot (n-r)!}$$

em que n e r são valores digitados.

3.42. ☼ A fórmula de juros compostos é a seguinte:

$$V_f = (1+i)^N \cdot V_i$$

V_f é o valor final obtido após N períodos de aplicação com juros i. V_i é o valor inicial, à vista. Elabore um fluxograma e um algoritmo em Portugol que, após lerem o valor inicial, o número de períodos (que normalmente são meses) e a taxa de juros, calculem o valor final desejado.

3.43. ☾ Escreva um fluxograma e um algoritmo em Portugol que leiam três valores quaisquer para as variáveis A, B e C. A seguir, ordene esses valores exibindo as mesmas variáveis A, B e C, agora já ordenadas.

3.44. ☾ Um número da série de Fibonacci é gerado a partir da soma de dois valores imediatamente anteriores. Convenciona-se que o primeiro número, f_0, é 0, e o segundo, f_1, é 1. A partir desses valores é possível calcular o n-ésimo elemento da série assim (para $n > 2$):

$$f_n = f_{n-1} + f_{n-2}$$

Elabore um fluxograma e um algoritmo em Portugol que, a partir de um valor *n* lido (*n* >= 0), calculem f_n.

3.45. ☼ Para o fluxograma apresentado na Figura 3.32, responda:
  a) determine o valor de *no* para *ni* = 8730;
  b) determine o valor de *no* para *ni* = 1234;
  c) o que faz esse fluxograma?

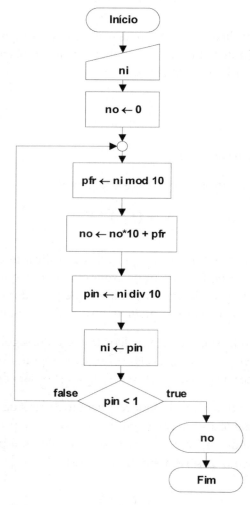

FIGURA 3.32 Fluxograma para o Exercício 3.45.

3.46. ☼ Escreva um fluxograma e um algoritmo em Portugol que leiam o nome do usuário e o cumprimentem. Por exemplo, se você se chamar Aníbal, a resposta a ser exibida será: 'Olá Aníbal, meu nome é Chuck. Você quer brincar comigo?'.

3.47. 🌧 Elabore um fluxograma e um algoritmo em Portugol que permitam a entrada de um número inteiro entre 1 e 9999 e escreva seu valor por extenso.

3.48. ⛅ 🐚 Elabore um fluxograma e um algoritmo em Portugol que compactem um texto contido em uma cadeia de caracteres, eliminando os seus espaços em branco. Mais especificamente, se o texto fornecido for 'O␣amor␣é␣lindo!' (␣ representa um espaço em branco), o resultado a ser apresentado deverá ser 'Oamorélindo!'.

3.49. 🌧 Elabore um fluxograma e um algoritmo em Portugol que permitam a entrada de N cadeias de caracteres e então exibam as seguintes estatísticas: o número total de caracteres digitados (incluindo espaços em branco) e o número total de palavras.

3.50. ⛅ Elabore um fluxograma e um algoritmo em Portugol que permitam a entrada de duas cadeias de caracteres, respectivamente, às variáveis *BUSCA* e *MENSAGEM*, e então exibam todas as posições da cadeia contida em *BUSCA* que foram localizadas em *MENSAGEM*.

3.13 EXERCÍCIOS RESOLVIDOS
FLUXOGRAMAS

3.1.

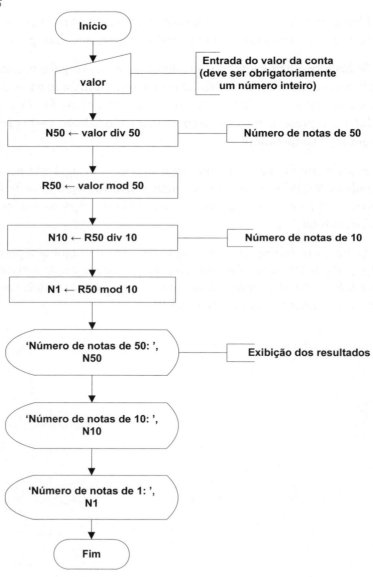

3.5.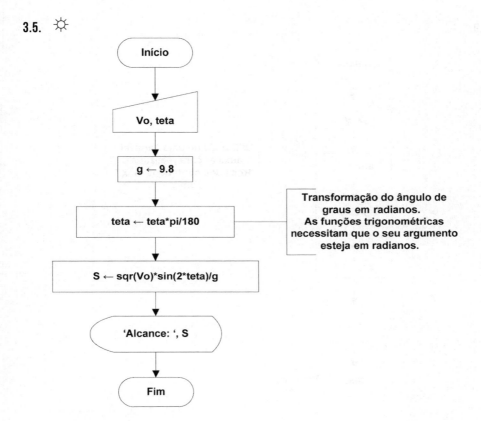

3.9. ☼

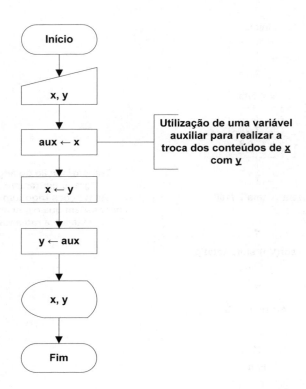

3.11.

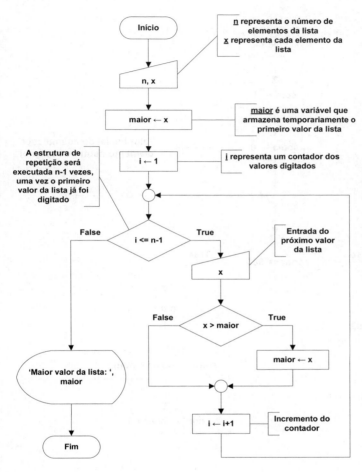

3.14.

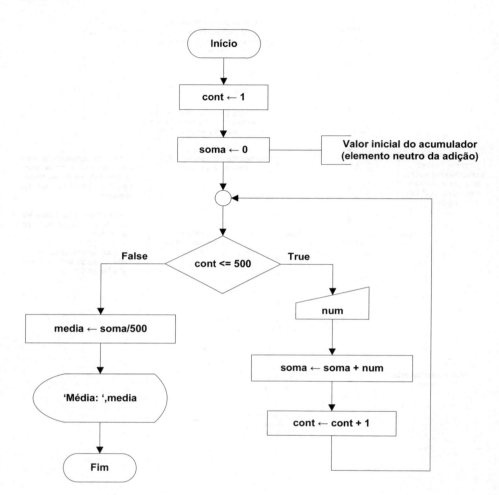

3.23.

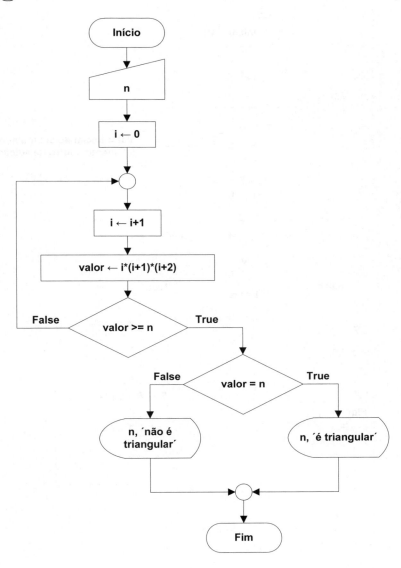

3.28.

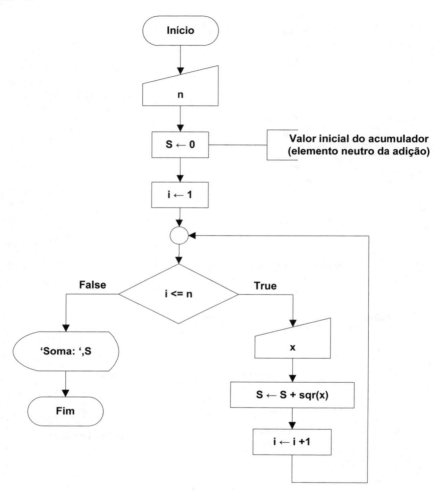

3.30.

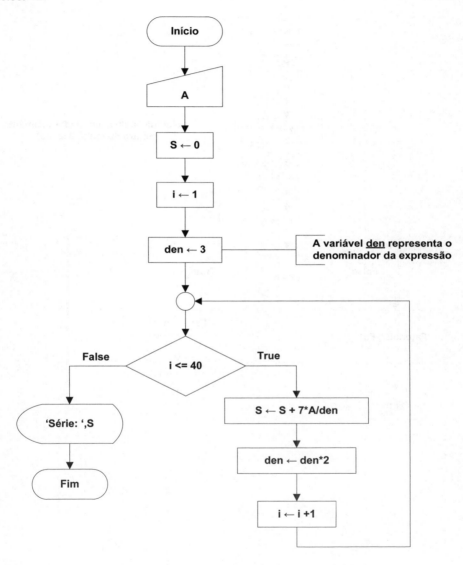

3.40.

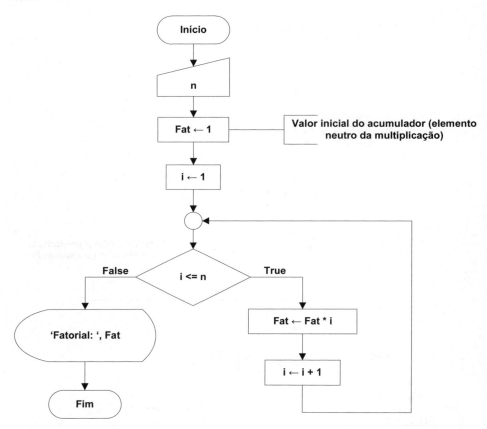

3.48.

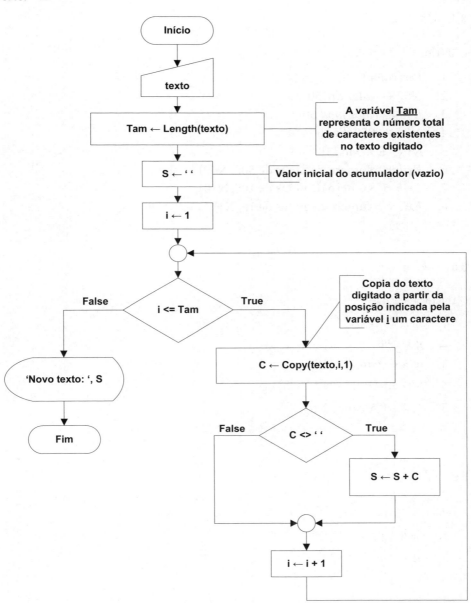

PORTUGOL

3.1.

Início
1. *Ler(valor)*
2. *N50 ← valor div 50*
3. *R50 ← valor mod 50*
4. *N10 ← R50 div 10*
5. *N1 ← R50 mod 10*
6. *Exibir*('Número de notas de 50:', N50)
7. *Exibir*('Número de notas de 10:', N10)
8. *Exibir*('Número de notas de 1:', N1)
Fim

3.5.

Início
1. *Ler(Vo, teta)*
2. *g ← 9.8*
3. *teta ← teta * pi / 180*
4. *S ← sqr(Vo) * sin(2 * teta) / g*
5. *Exibir*('Alcance:', S)
Fim

3.9.

Início
1. *Ler(x, y)*
2. *aux ← x*
3. *x ← y*
4. *y ← aux*
5. *Exibir(x, y)*
Fim

3.11.

Início
1. $Ler(n, x)$
2. $maior \leftarrow x$
3. $i \leftarrow 1$
4. **Enquanto** $i <= n-1$ **Faça**
5. $Ler(x)$
6.   **Se** $x > maior$ **Então**
7. $maior \leftarrow x$
8.   **Fim Se**
9. $i \leftarrow i+1$
10. **Fim Enquanto**
11. $Exibir$('Maior valor da lista:', maior)

Fim

3.14.

Início
1. $cont \leftarrow 1$
2. $soma \leftarrow 0$
3. **Enquanto** $cont <= 500$ **Faça**
4. $Ler(num)$
5. $soma \leftarrow soma + num$
6. $cont \leftarrow cont + 1$
7. **Fim Enquanto**
8. $media \leftarrow soma / 500$
9. $Exibir$('Média:', media)

Fim

3.23.

Início
1. $Ler(n)$
2. $i \leftarrow 1$
3. $valor \leftarrow 0$
4. **Repita**
5. $i \leftarrow i+1$
6. $valor \leftarrow i*(i+1)*(1+2)$
7. **Até** $valor >= n$
8. **Se** $valor = n$ **Então**
9. $Exibir(n, \text{'é triangular'})$
10. **Senão**
11. $Exibir(n, \text{'não é triangular'})$
12. **Fim Se**

Fim

3.28.

Início
1. $Ler(n)$
2. $S \leftarrow 0$
3. $i \leftarrow 1$
4. **Enquanto** $i <= n$ **Faça**
5. $Ler(x)$
6. $S \leftarrow S + sqr(x)$
7. $i \leftarrow i+1$
8. **Fim Enquanto**
9. $Exibir(\text{'Soma:'}, S)$

Fim

3.30.

Início
1. $Ler(A)$
2. $S \leftarrow 0$
3. $i \leftarrow 1$
4. $den \leftarrow 3$
5. **Enquanto** $i <= 40$ **Faça**
6. $S \leftarrow S + 7 * A / den$
7. $den \leftarrow den * 2$
8. $i \leftarrow i + 1$
9. **Fim Enquanto**
10. $Exibir(\text{'Série:'}, S)$

Fim

3.40.

Início
1. $Ler(n)$
2. $Fat \leftarrow 1$
3. $i \leftarrow 1$
4. **Enquanto** $i <= n$ **Faça**
5. $Fat \leftarrow Fat * i$
6. $i \leftarrow i + 1$
7. **Fim Enquanto**
8. $Exibir(\text{'Fatorial:'}, Fat)$

Fim

3.48.

Início
1.   *Ler(texto)*
2.   *Tam* ← *Length(texto)*
3.   *S* ← ' '
4.   *i* ← 1
5.   **Enquanto** *i* <= *Tam* **Faça**
6.   *C* ← *Copy(texto,i,1)*
7.   **Se** *C* <> ' ' **Então**
8.   *S* ← *S* + *C*
9.   **Fim Se**
10.   *i* = *i* + 1
11.   **Fim Enquanto**
12.   *Exibir*('Novo texto:', *S*)

Fim

CAPÍTULO 4 # ESTRUTURAS DE PROGRAMAÇÃO

No Capítulo 3, foram apresentadas duas representações de algoritmos: uma, gráfica, denominada fluxograma, que utiliza um conjunto de símbolos da norma ISO 5807/1985, e outra, textual, denominada Portugol. Aliado ao conhecimento de tipos básicos de dados, foram construídos fluxogramas e especificações textuais com o intuito de serem futuramente implementados facilmente em qualquer linguagem de programação. O objetivo deste capítulo é formalizar as estruturas de programação já vistas, de modo a torná-las mais próximas das estruturas que são encontradas nas linguagens de programação típicas, bem como apresentar nomes pelos quais essas estruturas são conhecidas no jargão da computação. Assim, neste capítulo, será feito um retrospecto do que foi apresentado anteriormente, classificando as estruturas de programação segundo os nomes pelos quais são habitualmente conhecidas e convencionando a forma de representá-las em fluxogramas e em Portugol.

4.1 ESTRUTURAS DE PROGRAMAÇÃO

Como já foi apresentado no Capítulo 3, as instruções ou comandos utilizados em fluxogramas e Portugol podem ser classificados como:

- Instruções sequenciais: representam ações imperativas, sem nenhum tipo de decisão.

- Instruções de decisão: representam um desvio no fluxo normal do algoritmo, conforme o resultado de uma expressão lógica.
- Instruções de repetição: representam a execução repetitiva de comandos existentes em um desvio no fluxo normal de um programa, governada pelo resultado de uma expressão lógica.

Essas instruções formam o que se chama de **estruturas de programação**. São conhecidas respectivamente como **estruturas sequenciais**, **de decisão** e **de repetição**.

Conforme provado por Böhm e Jacopini em 1966, essas estruturas – também denominadas **estruturas primitivas de programação** – permitem a descrição de qualquer algoritmo que seja computável, sendo implementável em um computador. Em resumo, qualquer programa de computador pode ser escrito combinando-se esses três tipos de estruturas.

4.2 ESTRUTURAS SEQUENCIAIS

As estruturas sequenciais de programação representam os comandos que são executados **imperativamente**, sem desvio algum de caminho. Os cálculos, a execução de funções e os procedimentos são exemplos dessas estruturas. Um fluxograma que contém apenas as estruturas sequenciais não apresenta **nenhum desvio em seu fluxo**.

Por exemplo, o algoritmo para calcular a força aplicada sobre a tampa de um tanque visto no Capítulo 3 é um exemplo de um algoritmo que somente emprega estruturas sequenciais, reapresentado a seguir como um fluxograma na Figura 4.1 e em Portugol no Algoritmo 4.1.

ALGORITMO 4.1 Exemplo de algoritmo em Portugol com estruturas sequenciais.

Início
1. $Ler(d, h, gama)$
2. $F \leftarrow 3.1415 * gama * srq(d) / 4$
3. $Exibir(F)$

Fim

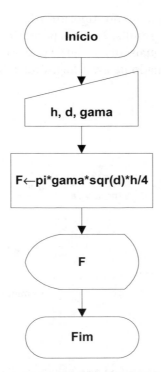

FIGURA 4.1 Exemplo de fluxograma com estruturas sequenciais.

4.3 ESTRUTURAS DE DECISÃO

São estruturas que permitem a tomada de uma decisão sobre qual o caminho a ser escolhido, de acordo com o resultado de uma *expressão lógica*. Existem três formas básicas desse tipo de estrutura: **SE-ENTÃO**, **SE-ENTÃO-SENÃO** e **CASO**.

4.3.1 ESTRUTURA SE-ENTÃO

Essa estrutura é representada por um comando que avalia uma **expressão lógica**, **resultando** um valor que pode ser *true* ou *false*. Como consequência desse resultado, o processamento se fará por um de dois caminhos: se o resultado for *true*, serão executados os comandos encontrados no caminho indicado pelo resultado *true*; caso contrário, será efetuado um desvio sem comando algum. Ambos os fluxos convergem para o final da estrutura. A estrutura SE-ENTÃO está representada pelo fluxograma da Figura 4.2 e em Portugol pelo Algoritmo 4.2.

Tanto na Figura 4.2 quanto no Algoritmo 4.2, *expr_logica* representa alguma expressão lógica que, se resultar *true*, vai permitir a execução de um conjunto de um ou mais comandos quaisquer, os quais podem ser sequenciais, de decisão ou de repetição. Se o resultado de *expr_logica* for *false*, nenhum comando será executado.

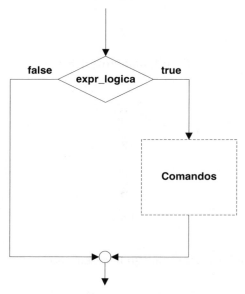

FIGURA 4.2 Estrutura de decisão SE-ENTÃO em fluxograma.

ALGORITMO 4.2 Estrutura de decisão SE-ENTÃO em Portugol.

Início
1. ...
2. **Se** *expr_logica* **Então**
3.   ...
4.   comandos
5.   ...
6. **Fim Se**
7. ...
Fim

4.3.2 ESTRUTURA SE-ENTÃO-SENÃO

Essa estrutura é representada por um comando que avalia uma expressão lógica, resultando um valor que pode ser *true* ou *false*. Graças a esse resultado, o processamento se fará por um de dois caminhos:

- se o resultado for *true*, serão executados os comandos encontrados no caminho indicado pelo resultado *true*;
- caso contrário, serão executados os comandos encontrados no caminho indicado pelo resultado *false*.

Nota-se que ambos os fluxos convergem para o final da estrutura. Em fluxograma, a estrutura SE-ENTÃO-SENÃO está representada na Figura 4.3 e em Portugol pelo Algoritmo 4.3.

Na Figura 4.3 e no Algoritmo 4.3, *expr_logica* representa alguma expressão lógica que, se resultar *true*, vai permitir a execução de um conjunto de um ou mais comandos quaisquer existentes no caminho *true*, os quais podem ser sequenciais, de decisão ou de repetição. Se o resultado de *expr_logica* for *false*, será executado um conjunto contendo um ou mais comandos quaisquer existentes no caminho *false*, podendo, novamente, ter estruturas sequenciais, de decisão ou de repetição. Ambos os fluxos convergem para o final da estrutura.

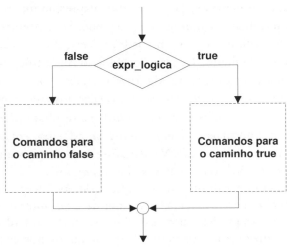

FIGURA 4.3 Estrutura de decisão SE-ENTÃO-SENÃO em fluxograma.

ALGORITMO 4.3 Estrutura de decisão SE-ENTÃO-SENÃO em Portugol.

Início
1. ...
2. **Se** *expr_logica* **Então**
3. ...
4.   comandos para o caminho *true*
5. ...
6. **Senão**
7. ...
8.   comandos para o caminho *false*
9. ...
10. **Fim Se**
11. ...
Fim

4.3.3 ESTRUTURA CASO

Nos dois tipos de estruturas apresentados nas Seções 4.3.1 e 4.3.2 ocorre uma escolha entre dois caminhos possíveis. A estrutura CASO possibilita escolher **mais de um caminho**, de acordo com um resultado a partir de uma *expressão inteira*. Aqui não se avalia uma expressão lógica, e, sim, uma expressão inteira, cujo resultado numérico vai determinar o caminho a ser seguido. Se nenhuma das opções for atendida, podemos definir um caminho padrão. A estrutura CASO está representada por fluxograma na Figura 4.4 e em Portugol no Algoritmo 4.4.

Tanto na Figura 4.4 quanto no Algoritmo 4.4, *expr_inteira* representa alguma expressão inteira, que, se resultar *valor*1, vai executar um conjunto de um ou mais comandos representados por *comandos*1. Se resultar *valor*2, vai executar um conjunto de um ou mais comandos representados por *comandos*2, e assim por diante até o último valor (*valorN*). Para esse caso, vai executar um conjunto de um ou mais comandos representados por *comandosN*.

Não existe nenhuma limitação do número de opções que podem ser definidas – isso dependerá do problema. Se o valor de *expr_inteira* não resultar em nenhum dos *N* valores predefinidos, especifica-se um **caso padrão** que executa um conjunto de um ou mais comandos representados por *comandos padrão*. O caso padrão é rotulado com o valor *false*, quando a estrutura é representada por fluxograma, e por **Senão** quando a estrutura é representada em Portugol.

Este caso padrão indica o caso que será executado caso nenhuma das alternativas anteriores seja atendida. O caso padrão é opcional nessa estrutura.

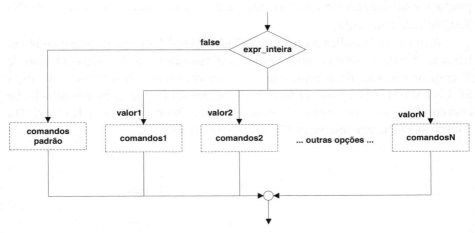

FIGURA 4.4 Estrutura de decisão CASO em fluxograma.

ALGORITMO 4.4   Estrutura de decisão CASO em Portugol.

Início
1. ...
2. **Caso** *expr_inteira* **Seja**
3.   *valor1*:
4.   comandos1
5.   *valor2*
6.   comandos2
7.   ...
8.   *valorN*
9.   comandosN
10. **Senão**
11.   comandospadrão
12. **Fim Caso**
13. ...
Fim

4.3.4 EXEMPLOS DE ESTRUTURAS DE DECISÃO

Considera-se novamente aqui o exemplo da equação de Bhaskara vista no Capítulo 3. Esse fluxograma está reescrito na Figura 4.5, com as estruturas SE-ENTÃO-SENÃO indicadas.

A linha cheia indica a estrutura SE-ENTÃO-SENÃO mais externa que verifica se $A = 0$. Se for *true*, então exibe-se a mensagem 'Não é uma equação de 2º grau'. Se não, calcula-se o valor de D e a seguir é executada mais uma estrutura SE-ENTÃO-SENÃO, para verificar se $D < 0$, indicada pela linha pontilhada. Se essa condição for *false*, então calculam-se e são exibidos os valores de $r1$ e $r2$. Do contrário, exibe-se a mensagem 'Não existem raízes reais'.

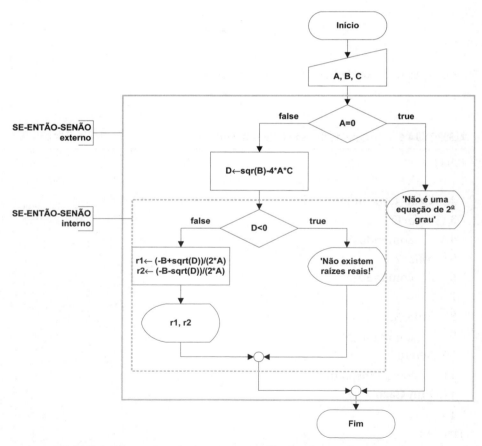

FIGURA 4.5 Exemplo de estrutura de decisão SE-ENTÃO-SENÃO em fluxograma.

ALGORITMO 4.5 Exemplo de estrutura de decisão SE-ENTÃO-SENÃO em Portugol.

Início

1. $Ler(A, B, C)$
2. **Se** $A = 0$ **Então**
3. $Exibir$('Não é uma equação do 2º grau')
4. **Senão**
5. $D \leftarrow sqr(B) - 4 * A * C$
6.   **Se** $D < 0$ **Então**
7. $Exibir$('Não existem raízes reais')
8.   **Senão**
9. $r1 \leftarrow (-B + sqrt(D))/(2 * A)$
10. $r2 \leftarrow (-B - sqrt(D))/(2 * A)$
11. $Exibir(r1, r2)$
12.   **Fim Se**
13. **Fim Se**

Fim

Em Portugol, a solução desse mesmo problema está apresentada no Algoritmo 4.5. As linhas 2, 4 e 13 indicam a estrutura SE-ENTÃO-SENÃO mais externa, que calcula $A = 0$. Se este resultado for *true*, então exibe-se a mensagem 'Não é uma equação de 2º grau'. Se não, calcula-se o valor de D e a seguir se executa nas linhas 6, 8 e 12 mais uma estrutura SE-ENTÃO-SENÃO, para verificar se $D < 0$. Se essa condição for *false*, então calculam-se e são exibidos os valores de $r1$ e $r2$. Do contrário, exibe-se a mensagem 'Não existem raízes reais'.

Como um exemplo para a estrutura CASO, considere o seguinte problema: elaborar um fluxograma que simule uma calculadora simples, que some, subtraia, multiplique e divida um conjunto de números digitados. A ideia é digitar um número, um operador ('+', '−', '*' ou '/') e outro número, sucessivamente até que se digite '=', quando o resultado for exibido.

Uma sugestão de fluxograma para resolver este problema está representada na Figura 4.6.

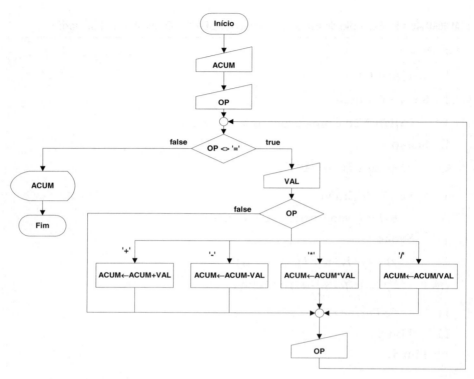

FIGURA 4.6 Exemplo de estrutura de decisão CASO em fluxograma.

Nesse fluxograma, as variáveis são:

- *ACUM*: é o acumulador das operações e contém o resultado a ser exibido, bem como representa o 1º operando das operações.
- *VAL*: representa os valores que serão digitados e fornecidos como o 2º operando das operações.
- *OP*: é uma variável do tipo CARACTERE que contém o símbolo da operação a ser realizada ('+', '−', '*' ou '/'). Os caracteres possuem um número inteiro associado (código ASCII).

Essa calculadora funciona assim: digita-se um primeiro valor (*ACUM*) e um operador (*OP*). O teste da repetição indicada verifica se o operador digitado é '='. Se for, exibe-se o conteúdo de *ACUM*. Se não, lê-se o segundo operando (*VAL*) e então se decide, com uma estrutura CASO, qual operação será realizada. Assim:

- CASO OP seja ' + ', efetua-se uma soma.
- CASO OP seja ' − ', efetua-se uma subtração.
- CASO OP seja ' * ', efetua-se uma multiplicação.
- CASO OP seja ' / ', efetua-se uma divisão.
- Nenhum dos casos acima: nada é executado (ignora-se o operador).

Depois, lê-se um novo operador e repete-se esse ciclo até que o operador seja ' = ', quando o valor de *ACUM*, representando o resultado, for apresentado.

Em Portugol, a solução deste problema está apresentada no Algoritmo 4.6.

ALGORITMO 4.6 Exemplo de estrutura de decisão CASO em Portugol.

Início
1. *Ler(ACUM)*
2. *Ler(OP)*
3. **Enquanto** *OP* <> '=' **Faça**
4.   *Ler(VAL)*
5.   **Caso** *OP* **Seja**
6.   '+':
7.   *ACUM* ← *ACUM* + *VAL*
8.   '−':
9.   *ACUM* ← *ACUM* − *VAL*
10.   '*':
11.   *ACUM* ← *ACUM* * *VAL*
12.   '/':
13.   *ACUM* ← *ACUM* / *VAL*
14.   **Fim Caso**
15.   *Ler(OP)*
16. **Fim Enquanto**
17. *Exibir(ACUM)*

Fim

As explicações apresentadas para a estrutura CASO em fluxograma valem para o algoritmo em Portugol.

4.4 ESTRUTURAS DE REPETIÇÃO

São estruturas que permitem a repetição controlada de comandos. Podem ser dos tipos **ENQUANTO-FAÇA**, **REPITA-ATÉ** e **PARA-ATÉ-FAÇA**.

4.4.1 ESTRUTURA ENQUANTO-FAÇA

A estrutura ENQUANTO-FAÇA permite a execução repetitiva de comandos ENQUANTO a condição de controle de repetição for *true*. Essa condição é uma expressão lógica da mesma forma que aquela vista em estruturas de decisão. A estrutura ENQUANTO-FAÇA está indicada na Figura 4.7.

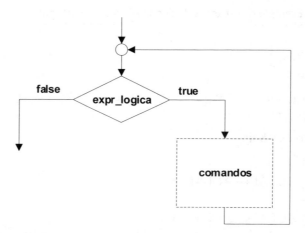

FIGURA 4.7 Estrutura de repetição ENQUANTO-FAÇA em fluxograma.

Nessa figura, *expr_logica* representa alguma expressão lógica, que, enquanto resultar em *true*, vai permitir a execução repetitiva de comandos quaisquer representados por *comandos* (podem ser sequenciais, de decisão ou de repetição). Quando for *false*, segue-se para algum outro comando fora da repetição.

Em Portugol, a estrutura de repetição ENQUANTO-FAÇA está apresentada pelo Algoritmo 4.7.

ALGORITMO 4.7 Estrutura de repetição ENQUANTO-FAÇA em Portugol.

Início
1. ...
2. **Enquanto** *expr_logica* **Faça**
3.   *comandos*
4. **Fim Enquanto**
5. ...
Fim

As explicações apresentadas para esta estrutura em fluxograma valem para o respectivo algoritmo em Portugol.

4.4.2 ESTRUTURA REPITA-ATÉ

A estrutura REPITA-ATÉ possibilita a execução repetitiva de comandos até que a condição de controle de repetição seja *true*. Essa condição é uma expressão lógica da mesma forma que aquela vista em estruturas de decisão. A estrutura REPITA-ATÉ está indicada na Figura 4.8.

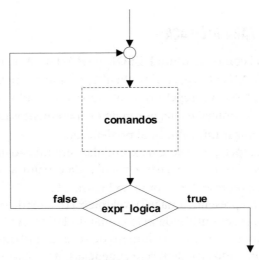

FIGURA 4.8 Estrutura de repetição REPITA-ATÉ.

Na Figura 4.8, *expr_logica* representa alguma expressão lógica que, se resultar em *false*, vai permitir a repetição de comandos quaisquer representados por *comandos* (podem ser sequenciais, de decisão ou de repetição). Esses comandos são repetidos até que *expr_logica* seja *true*.

Em Portugol, a estrutura de repetição REPITA-ATÉ está apresentada pelo Algoritmo 4.8.

ALGORITMO 4.8 Estrutura de repetição REPITA-ATÉ em Portugol

Início
1. ...
2. **Repita**
3.   *comandos*
4. **Até** *expr_logica*
5. ...
Fim

As explicações apresentadas para esta estrutura em fluxograma valem para o respectivo algoritmo em Portugol.

4.4.3 ESTRUTURA PARA-ATÉ-FAÇA

Também conhecida como estrutura **DESDE-PARA-FAÇA**, é um caso particular da estrutura ENQUANTO-FAÇA. É particular, pois implementa uma estrutura ENQUANTO-FAÇA que vai repetir os comandos, utilizando-se de um contador que possui certo valor inicial e que, por meio de incrementos unitários e inteiros (de 1 em 1), vai alcançar um valor final predefinido.

O número de repetições a serem executadas será função dos valores iniciais e finais do contador. Por ser um caso particular da estrutura ENQUANTO-FAÇA, essa estrutura é representada como na Figura 4.9.

Nessa figura, *i* representa uma variável inteira (chamada variável de controle ou contadora), que será utilizada pelo comando PARA-ATÉ-FAÇA (DESDE-PARA-FAÇA), para executar certo número de vezes as instruções quaisquer representadas por comandos (podem ser sequenciais, de decisão ou de repetição). *Vi* representa um número inteiro, ou variável inteira, indicando o valor inicial

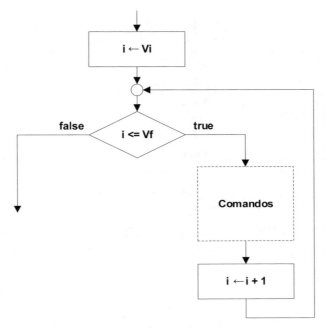

FIGURA 4.9 Estrutura de repetição PARA-ATÉ-FAÇA em fluxograma.

do contador e *Vf* representa um número inteiro, ou variável inteira, indicando o valor final do contador.

Por convenção, o incremento utilizado será sempre 1 e as repetições somente serão realizadas se *Vi* <= *Vf*. É proibido, dentro da estrutura PARA-ATÉ--FAÇA (DESDE-PARA-FAÇA), alterar o valor de sua variável contadora. Isso é óbvio, já que, se isso for feito, não se estarão executando as repetições corretamente, e essa estrutura perderá seu propósito.

Por exemplo, o trecho de fluxograma da Figura 4.10 permite ler e somar *N* valores digitados utilizando a estrutura PARA-ATÉ-FAÇA (DESDE-PARA--FAÇA).

Aqui, os blocos que constituem a estrutura PARA-ATÉ-FAÇA (DESDE--PARA-FAÇA) estão em cinza para melhor identificação. Observa-se que o valor inicial da variável *i* é 1 e o final é *N*. Logo, a leitura de um valor se repete *N* vezes e depois realiza-se a soma deste com a anterior armazenada em *S*.

Em Portugol, a estrutura de repetição PARA-ATÉ-FAÇA está apresentada pelo Algoritmo 4.9.

164 ▪ ALGORITMOS E LÓGICA DE PROGRAMAÇÃO

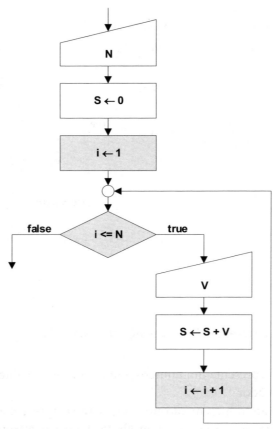

FIGURA 4.10 Identificação da estrutura de repetição PARA-ATÉ-FAÇA em fluxograma.

ALGORITMO 4.9 Estrutura de repetição PARA-ATÉ-FAÇA em Portugol.

Início
1. ...
2. **Para** $i \leftarrow Vi$ **Até** Vf **Faça**
3.   *comandos*
4. **Fim Para**
5. ...

Fim

As explicações apresentadas para esta estrutura em fluxograma valem para o respectivo algoritmo em Portugol. Note que em Portugol não é necessário apresentar o contador, ele está implícito na estrutura.

Um trecho de algoritmo em Portugol que lê e soma N valores digitados está apresentado no Algoritmo 4.10.

ALGORITMO 4.10 Identificação da estrutura de repetição PARA-ATÉ-FAÇA em Portugol.

Início
1. ...
2. $Ler(N)$
3. $S \leftarrow 0$
4. **Para** $i \leftarrow 1$ **Até** N **Faça**
5. $Ler(V)$
6. $S \leftarrow S + V$
7. **Fim Para**
8. ...

Fim

4.4.4 EXEMPLOS DE ESTRUTURAS DE REPETIÇÃO

Para exemplificar o uso de estruturas de repetição será construído um algoritmo para calcular o ponto x no qual a *flecha* em uma viga é zero. A flecha é o deslocamento vertical que a viga sofre, quando submetida a forças aplicadas sobre ela, conforme a Figura 4.11.

Sabe-se que a viga possui comprimento $l = 500$ cm e que o enflechamento é obtido pela seguinte equação (medidas em cm):

$$y = -9,44 \times 10^{-10} x^4 + 7,55 \times 10^{-7} x^3 - 4,53 \times 10^{-6} x^2 - 8,99 \times 10^{-2} x + 10,7$$

Deseja-se encontrar qual é o ponto em que $x = 0$, ou seja, determinar a(s) raiz(raízes) da equação. O gráfico dessa equação é exibido na Figura 4.12, o que demonstra que ela possui uma única raiz no intervalo [0,500).

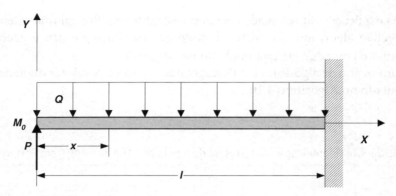

FIGURA 4.11 O problema do cálculo da flecha em uma viga.

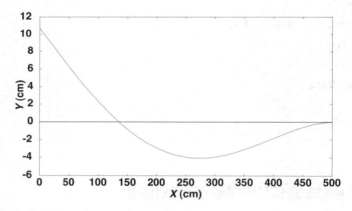

FIGURA 4.12 Enflechamento de uma viga.

Um algoritmo simples para a determinação das raízes reais de qualquer equação em certo intervalo é conhecido como *método da bissecção*, descrito pelos seguintes passos:

1. Determinam-se dois valores, x_1 e x_2, para os quais os sinais de $f(x_1)$ e $f(x_2)$ sejam diferentes. Se a função $f(x)$ não possuir singularidades nesse intervalo, é garantida a existência de uma raiz, no intervalo $[x_1, x_2]$, conforme ilustrado na Figura 4.13.
2. Calcula-se o ponto $x_M = \frac{1}{2}(x_1 + x_2)$ e, a seguir, $f(x_M)$. Essa é uma primeira estimativa da raiz.

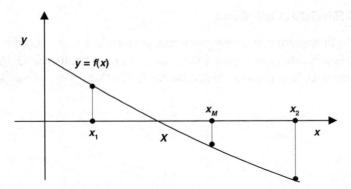

FIGURA 4.13 Bissecção de um intervalo.

3. Se $f(x_1)$ e $f(x_M)$ possuírem sinais diferentes, substitui-se o valor de x_2 por x_M; se $f(x_2)$ e $f(x_M)$ têm sinais diferentes, substitui-se o valor de x_1 por x_M e, então, retorna-se ao passo 2. Se $f(x_M) = 0$ dentro de uma tolerância especificada, x_M será a raiz procurada.

Cabem aqui algumas explicações antes de elaborar o algoritmo:

1. Para saber se dois números possuem o mesmo sinal, basta multiplicá-los entre si e verificar se o resultado é maior que zero.
2. A tolerância da raiz encontrada pode ser avaliada de acordo com a diferença absoluta entre os dois últimos valores estimados da raiz com a expressão $|x_i - x_{i-1}| \leq \varepsilon$, em que ε é o erro do cálculo da raiz, que deve ser imposto na solução.

Voltando ao problema da viga, a ideia é utilizar o método da bissecção para determinar o ponto x no qual a flecha indica zero. Na elaboração do algoritmo para resolver esse problema serão utilizadas como entrada e saída as seguintes variáveis:

- Entrada: a e b para armazenar o intervalo inicial no qual se procura a raiz e e para armazenar o erro de cálculo admitido.
- Saída: x_M, a raiz procurada.

A seguir, tem-se a implementação da solução desse problema utilizando as estruturas de repetição apresentadas.

UTILIZANDO A ESTRUTURA ENQUANTO-FAÇA

A versão do fluxograma para esse problema, utilizando a estrutura ENQUANTO-FAÇA, está apresentada na Figura 4.14. Nessa figura, a estrutura ENQUANTO-FAÇA está destacada, bem como as de decisão SE-ENTÃO que são internas à repetição.

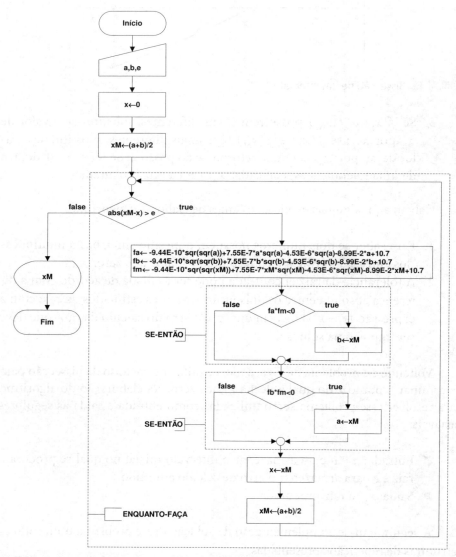

FIGURA 4.14 Exemplo da estrutura de repetição ENQUANTO-FAÇA em fluxograma.

São utilizadas as seguintes variáveis adicionais:

- x: armazena o valor de x_M calculado em uma iteração anterior (inicializada, portanto, com zero);
- fa, fb e fm: armazenam o valor da função do problema nos pontos a, b e x_M descritos anteriormente.

Observa-se ainda que, para o cálculo da função do problema, foram utilizadas as funções matemáticas apresentadas na Tabela 3.9 do Capítulo 3.

A versão em Portugol desse problema está apresentada no Algoritmo 4.11. Foram utilizadas variáveis com os mesmos nomes e significados que na versão de fluxograma.

ALGORITMO 4.11 Exemplo da estrutura de repetição ENQUANTO-FAÇA em Portugol.

Início
1. $Ler(a,b,e)$
2. $x \leftarrow 0$
3. $xM \leftarrow (a+b)/2$
4. **Enquanto** $abs(xM - x) > e$ **Faça**
5. $fa \leftarrow -9.44E - 10 * sqr(sqr(a)) + 7.55E - 7 * a * sqr(a) - 4.53E - 6 * sqr(a) - 8.99E - 2 * a + 10.7$
6. $fb \leftarrow -9.44E - 10 * sqr(sqr(b)) + 7.55E - 7 * b * sqr(b) - 4.53E - 6 * sqr(b) - 8.99E - 2 * b + 10.7$
7. $fm \leftarrow -9.44E - 10 * sqr(sqr(xM)) + 7.55E - 7 * b * sqr(xM) - 4.53E - 6 * sqr(xM) - 8.99E - 2 * xM + 10.7$
8.   **Se** $fa * fm < 0$ **Então**
9. $b \leftarrow xM$
10.   **Fim Se**
11.   **Se** $fb * fm < 0$ **Então**
12. $a \leftarrow xM$
13.   **Fim Se**
14. $x \leftarrow xM$
15. $xM \leftarrow (a+b)/2$
16. **Fim Enquanto**
17. $Exibir(xM)$
Fim

UTILIZANDO A ESTRUTURA REPITA-ATÉ

A versão do fluxograma para o problema, utilizando a estrutura REPITA-ATÉ, está mostrada na Figura 4.15.

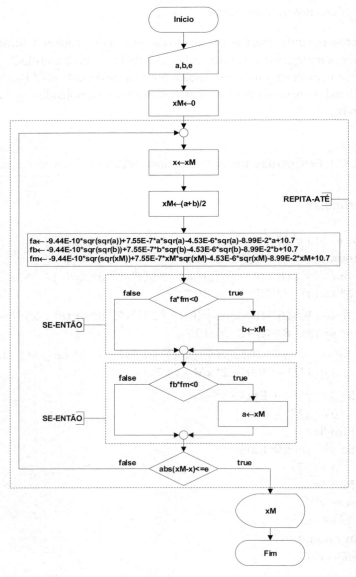

FIGURA 4.15 Exemplo da estrutura de repetição REPITA-ATÉ em fluxograma.

Nessa figura, a estrutura REPITA-ATÉ está destacada, bem como aquelas de decisão SE-ENTÃO que são internas à repetição. São utilizadas as mesmas variáveis da implementação com ENQUANTO-FAÇA e valem ainda as mesmas observações.

A versão em Portugol deste problema está apresentada no Algoritmo 4.12. Foram utilizadas variáveis com os mesmos nomes e significados que na versão de fluxograma.

ALGORITMO 4.12 Exemplo da estrutura de repetição REPITA-ATÉ em Portugol.

Início
1. $Ler(a,b,e)$
2. $xM \leftarrow (a+b)/2$
3. **Repita**
4. $\quad x \leftarrow xM$
5. $\quad xM \leftarrow (a+b)/2$
6. $\quad fa \leftarrow -9.44E-10 * sqr(sqr(a)) + 7.55E-7 * a * sqr(a) - 4.53E - 6 * sqr(a) - 8.99E-2 * a + 10.7$
7. $\quad fb \leftarrow -9.44E-10 * sqr(sqr(b)) + 7.55E-7 * b * sqr(b) - 4.53E - 6 * sqr(b) - 8.99E-2 * b + 10.7$
8. $\quad fm \leftarrow -9.44E-10 * sqr(sqr(xM)) + 7.55E-7 * b * sqr(xM) - 4.53E - 6 * sqr(xM) - 8.99E-2 * xM + 10.7$
9. $\quad$ **Se** $fa * fm < 0$ **Então**
10. $\quad\quad b \leftarrow xM$
11. $\quad$ **Fim Se**
12. $\quad$ **Se** $fb * fm < 0$ **Então**
13. $\quad\quad a \leftarrow xM$
14. $\quad$ **Fim Se**
15. **Até** $abs(xM - x) <= e$
16. $Exibir(xM)$

Fim

UTILIZANDO A ESTRUTURA PARA-ATÉ-FAÇA

Para a versão do fluxograma utilizando a estrutura PARA-ATÉ-FAÇA, é necessário observar primeiro que essa estrutura se baseia em um contador inteiro para determinar o número de execuções a realizar.

No algoritmo proposto, verifica-se que o número de repetições é dependente dos valores de intervalo e de erro fornecidos. Além disso, nos fluxogramas anteriores, a condição de parada da repetição envolvia as expressões reais, o que não será possível neste caso.

Analisando o algoritmo proposto, ele basicamente subdivide uma região real em partes idênticas e continua realizando essa operação até que o critério de erro seja atendido. Portanto, cada novo intervalo é dividido em dois subintervalos.

O número de subintervalos a considerar seria, no mínimo, $(b-a)/e$, isto é, o menor subintervalo a considerar teria o mesmo tamanho do erro e. Assim, o processo de divisão de intervalos proposto por esse algoritmo poderia fornecer uma 'árvore' conforme a Figura 4.16.

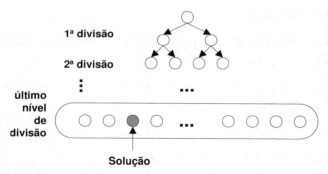

FIGURA 4.16 Processo de divisão utilizado pelo algoritmo da bissecção.

Como o algoritmo divide sempre um intervalo por 2, a solução final estaria em um nível da árvore contendo $(b-a)/e$ intervalos. A altura da árvore determina, portanto, o número de divisões que o algoritmo deverá executar. Por ser uma árvore binária (cada elemento gera apenas dois elementos), a altura da árvore h é calculada de acordo com o número de elementos que existem em seu nível mais baixo, n, dessa forma: $h = \log_2 n$.

Voltando ao problema, para a implementação com a estrutura PARA-ATÉ--FAÇA, basta adicionar uma variável contadora i e fazer a repetição dos comandos que dividem o intervalo e decidem qual será o novo intervalo a ser feito de 1 até $\log_2(b-a)/e$. Assim, o fluxograma que representa a solução utilizando o comando PARA-ATÉ-FAÇA está apresentado na Figura 4.17. Nesse fluxograma são utilizadas outras funções matemáticas mostradas na Tabela 3.9 do Capítulo 3.

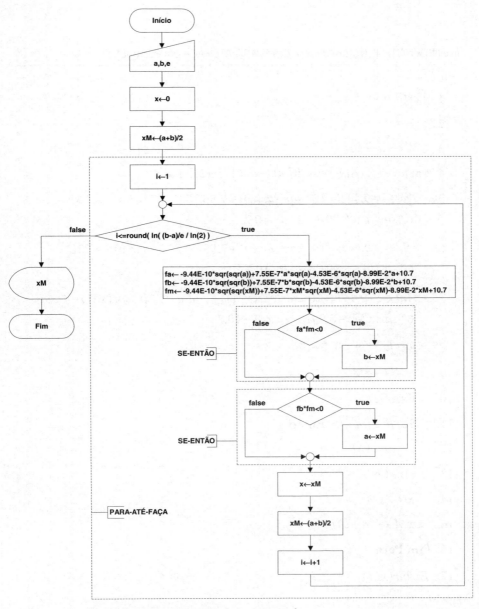

FIGURA 4.17 Exemplo da estrutura de repetição PARA-ATÉ-FAÇA.

A versão em Portugol deste problema está apresentada no Algoritmo 4.13. Foram utilizadas variáveis com os mesmos nomes e significados que na versão de fluxograma.

ALGORITMO 4.13 Estrutura de repetição PARA-ATÉ-FAÇA em Portugol.

Início

1. $Ler(a,b,e)$
2. $x \leftarrow 0$
3. $xM \leftarrow (a+b)/2$
4. **Para** $i \leftarrow 1$ **Até** $round(ln(b-a)/e/ln(2))$ **Faça**
5. $fa \leftarrow -9.44E-10*sqr(sqr(a))+7.55E-7*a*sqr(a)-4.53E-6*sqr(a)-8.99E-2*a+10.7$
6. $fb \leftarrow -9.44E-10*sqr(sqr(b))+7.55E-7*b*sqr(b)-4.53E-6*sqr(b)-8.99E-2*b+10.7$
7. $fm \leftarrow -9.44E-10*sqr(sqr(xM))+7.55E-7*b*sqr(xM)-4.53E-6*sqr(xM)-8.99E-2*xM+10.7$
8.   **Se** $fa*fm<0$ **Então**
9. $b \leftarrow xM$
10.   **Fim Se**
11.   **Se** $fb*fm<0$ **Então**
12. $a \leftarrow xM$
13.   **Fim Se**
14. $x \leftarrow xM$
15. $xM \leftarrow (a+b)/2$
16. **Fim Para**
17. $Exibir(xM)$

Fim

4.4.5 SÍMBOLOS ESPECÍFICOS PARA ESTRUTURAS DE REPETIÇÃO (ISO 5807)

Existe um símbolo da norma ISO 5807/1985, que será adotado neste livro, específico para executar repetições em que a forma da estrutura é única para qualquer caso. Nesse símbolo indica-se o tipo de repetição que será executado, anotando em seu interior as expressões que devem ser obedecidas. Esse símbolo é escrito de acordo com a Figura 4.18.

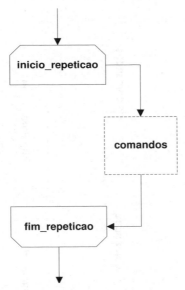

FIGURA 4.18 Símbolo específico para as estruturas de repetição (ISO 5807).

Nessa figura, *inicio_repeticao* e *fim_repeticao* são anotações que devem ser feitas para indicar qual será o tipo da estrutura de repetição desejada (ENQUANTO-FAÇA, REPITA-ATÉ e PARA-ATÉ-FAÇA ou DESDE-PARA-FAÇA). Os comandos a serem repetidos ficam entre os símbolos que marcam o início e o fim da repetição e subentende-se que a repetição será executada de acordo com o que foi definido no interior dos símbolos delimitadores.

O uso desse símbolo para as três estruturas de repetição vistas anteriormente é feito de acordo com a Figura 4.19. Nota-se que a estrutura é a mesma. O que diferencia cada tipo de repetição são as anotações feitas no interior dos símbolos de início e fim de repetição.

Na representação da estrutura PARA-ATÉ-FAÇA (DESDE-PARA-FAÇA) está subentendido que o contador é automaticamente incrementado e controlado

176 ▪ ALGORITMOS E LÓGICA DE PROGRAMAÇÃO

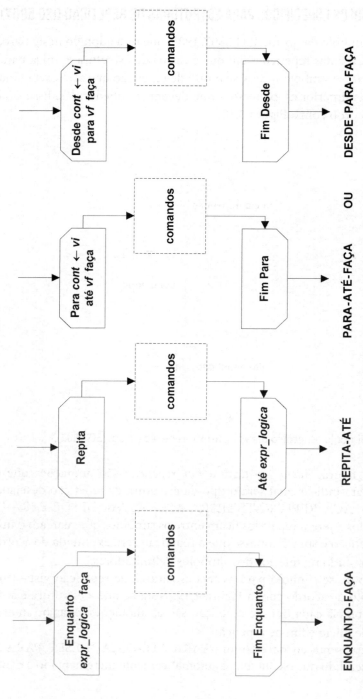

FIGURA 4.19 Uso do símbolo específico para as estruturas de repetição.

(a partir do valor inicial, alcança-se o valor final – inclusive – em incrementos unitários). É dessa forma que o comando PARA-ATÉ-FAÇA (DESDE-PARA--FAÇA) é implementado na maioria das linguagens de programação.

Como exemplo do uso desse símbolo, são apresentadas na Figura 4.20 três versões de trechos de fluxogramas que permitem ler e somar N valores digitados.

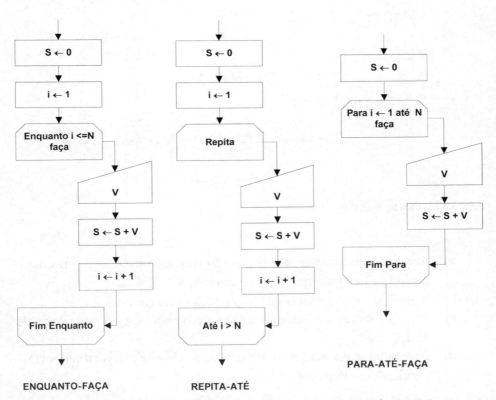

FIGURA 4.20 Exemplos de uso do símbolo específico para as estruturas de repetição.

4.5 EXERCÍCIOS

4.1. ☼ Considere o fluxograma da Figura 4.21.

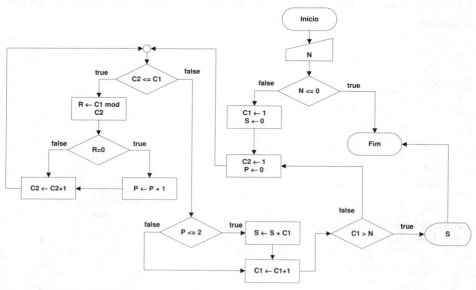

FIGURA 4.21 Fluxograma do Exercício 4.1.

Pede-se:
a) Reescreva esse fluxograma de acordo com as convenções vistas neste capítulo e de modo que se torne inteligível.
b) Identifique as estruturas de programação nele contidas.
c) Para que serve esse fluxograma? Simule-o para os seguintes valores de N: 1, 2, 3 e 7.
d) Baseando-se no item a) deste exercício, elabore o algoritmo correspondente em Portugol.

4.2. ☼ Considere o fluxograma da Figura 4.22.
Responda:
a) Dentre as três estruturas de repetição vistas neste capítulo, qual delas foi utilizada no diagrama de blocos apresentado?
b) Reescreva o diagrama apresentado (fazendo as adaptações necessárias) para as outras duas estruturas de repetição conhecidas.

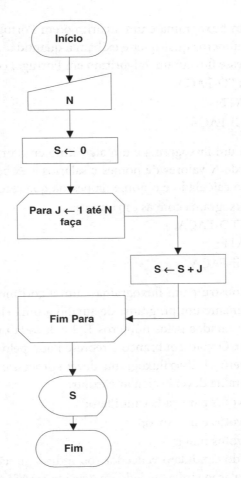

FIGURA 4.22 Fluxograma do Exercício 4.2.

c) O que aconteceria se não fosse colocado o incremento da variável de controle na questão anterior? Qual falha ocorrerá ao testar o diagrama (teste de mesa)?

d) De acordo com os itens a) e b) deste exercício, elabore as versões correspondentes do algoritmo em Portugol.

4.3. ☼ Elabore um fluxograma e um algoritmo em Portugol que permitam a entrada de uma hora de início e uma hora de término de uma palestra e que calculem sua duração, exibindo a quantidade de horas e minutos.

4.4. ☼ Produza um fluxograma e um algoritmo em Portugol que permitam a entrada de N números quaisquer e exibam a quantidade de números negativos. Escreva esse fluxograma/algoritmo em Portugol com as estruturas:
  a) ENQUANTO-FAÇA;
  b) REPITA-ATÉ;
  c) PARA-ATÉ-FAÇA.

4.5. ☺✎ Produza um fluxograma e um algoritmo em Portugol que possibilitem a entrada de N valores de nomes e salários e exibam como resultado o salário médio calculado e o nome da pessoa que recebe o maior salário. Escreva esse fluxograma com as estruturas:
  a) ENQUANTO-FAÇA;
  b) REPITA-ATÉ;
  c) PARA-ATÉ-FAÇA.

4.6. ☺ Deseja-se construir um fluxograma e um algoritmo em Portugol para projetar futuramente um programa de auxílio a uma eleição. Os votos válidos são representados pelos números 1, 2 e 3, cada um correspondendo a um candidato. O voto em branco é representado pelo número 0 e o voto nulo, pelo número –1. Esse fluxograma deverá processar N respostas da votação. O fluxograma deverá calcular e exibir:
  a) o total de votos para cada candidato;
  b) o total de votos em branco;
  c) o total de votos nulos;
  d) o número do candidato vencedor (ou indicar se não houve vencedor, caso a população tenha anulado ou deixado em branco todos os votos).

4.7. ☺ Escreva um fluxograma e um algoritmo em Portugol que exibam o triângulo de Pascal, conforme indicado a seguir:

```
        1
        1  1
        1  2  1
        1  3  3  1
        1  4  6  4  1
        :  :  :  :  :
```

4.8. Reescreva o fluxograma do Exercício 3.33 utilizando as estruturas de repetição:
a) ENQUANTO-FAÇA;
b) REPITA-ATÉ;
c) PARA-ATÉ-FAÇA.

Depois crie versões correspondentes desses fluxogramas em Portugol.

4.9. Escreva um fluxograma e um algoritmo em Portugol que permitam a entrada de um número N inteiro e então exibam a decomposição desse número em seus fatores primos, assim:

$6 = 2(1)\,3(1)$

$9 = 3(2)$

$24 = 2(3)\,3(1)$

O número entre parênteses indica a potência do fator.

4.10. Escreva um fluxograma e um algoritmo em Portugol que gerem os N primeiros números perfeitos. Um número perfeito é aquele que é igual à soma dos seus divisores, por exemplo, $6 = 1 + 2 + 3$.

4.11. Utilizando os resultados do Exercício 4.7, escreva a expansão da expressão $(a+b)^n$ para um valor de n lido. Os termos da expansão são os valores da n-ésima linha do triângulo de Pascal, por exemplo:

$$(a+b)^3 = a^3 + 3a^2b + 3ab^2 + b^3$$

O fluxograma e o algoritmo em Portugol deverão exibir a resposta no seguinte formato:

$$(a+b)\widehat{\ }3 = a\widehat{\ }3 + 3*a\widehat{\ }2*b + 3*a*b\widehat{\ }2 + b\widehat{\ }3$$

Em que * representa a operação de multiplicação e $\widehat{\ }$, a operação de potenciação. O tipo de dado a ser exibido é uma cadeia de caracteres.

4.12. Escreva um fluxograma e um algoritmo em Portugol que, dada uma cadeia de caracteres S, vão exibir se essa cadeia contém um número inteiro positivo válido. O número inteiro válido a ser considerado deve conter apenas os caracteres '0', '1', '2', '3', '4', '5', '6', '7', '8' e '9'.

4.13. O mesmo do Exercício 4.12, agora incluindo números inteiros negativos.

4.14. Seguindo o estilo do Exercício 4.12, escreva um fluxograma e um algoritmo em Portugol que, dada uma cadeia de caracteres S, vão exibir se essa cadeia contém um número real válido. Considere que o número real poderá ser positivo ou negativo e que o separador decimal será o símbolo '.' (quando houver).

4.15. Um sistema de cargas possui um robô cujo braço é um garfo utilizado para mover as caixas de produtos que vêm de uma esteira de um setor de cargas para dentro de um caminhão. O robô é fixo e somente pode girar em seu eixo.

Seu braço pode ser levantado ou abaixado, pode avançar ou recuar para, respectivamente, encaixar ou soltar uma caixa. O robô apenas pode girar se seu braço estiver recuado (veja a Figura 4.23).

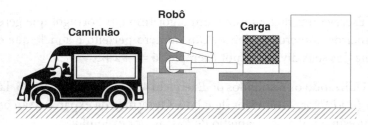

FIGURA 4.23 Figura do Exercício 4.15.

Escreva um fluxograma e um algoritmo em Portugol que permitam ao robô mover um conjunto de caixas da esteira para o caminhão, utilizando o conjunto de instruções da Tabela 4.1, existentes na biblioteca de instruções do robô.

A posição inicial e final do braço do robô deve ser sempre **ao lado da esteira de cargas**, **recuado** e **vazio**.

4.16. Escreva um fluxograma e um algoritmo em Portugol que permitam a entrada de uma cadeia de caracteres S, e então escreva as possíveis rotações à esquerda dessa cadeia. Por exemplo, se for digitada a cadeia 'Banana', deverá ser exibida a sequência de palavras, nesta ordem: 'Banana', 'ananaB', 'nanaBa', 'anaBan', 'naBana', 'aBanan', 'Banana'.

TABELA 4.1 Tabela para o Exercício 4.15.

Instrução	Descrição
POSICAO	Testa para verificar qual é a posição do braço do robô. Se o resultado for 0, o braço está ao lado da plataforma de cargas; se for 1, o braço está ao lado do caminhão.
GIRA_PARA(X)	Executa a ação de girar o seu braço. Se X for 0, o braço é girado para a plataforma de cargas; se X for 1, o braço é girado para o caminhão.
ESTA_VAZIO	Testa se o garfo do braço do robô está vazio ou não. O robô somente pode carregar uma caixa se o seu braço estiver vazio. Devolve valores *true* ou *false*.
ABAIXAR_BRACO	Executa a ação de abaixar o braço do robô. O robô apenas pode pegar ou soltar uma caixa se abaixar seu braço.
LEVANTAR_BRACO	Executa a ação de levantar o braço do robô. O robô somente pode mover uma caixa se levantar seu braço.
EXISTE_CARGA	Testa se existe alguma carga no terminal. Devolve valores *true* ou *false*.
AVANCAR_BRACO	Avança o braço do robô para pegar ou soltar uma carga.
RECUAR_BRACO	Recua o braço do robô para soltar uma carga e para poder girar.
CAMINHAO_OK	Verifica se o caminhão está parado na plataforma aguardando por cargas. Devolve valores *true* ou *false*.

4.17. ☼ Elabore um fluxograma e um algoritmo em Portugol para fazer um pequeno robô em forma de seta percorrer a roseta em espiral quadrada (veja a Figura 4.24). A roseta é descrita a seguir como o caminho que liga o ponto A ao ponto B. Cada quadradinho representa uma unidade de deslocamento. O robô executa, por meio de seus microcontroladores, apenas três processos:

- *Desloca(X)*: desloca o robô em X unidades para a frente. X pode ser 1, 2, 3, ... de deslocamento na direção da seta.
- *ViraDireita*: apenas gira o robô para a direita.
- *ViraEsquerda*: somente gira o robô para a esquerda.

4.18. ☼ Um comitê olímpico solicitou a elaboração de um fluxograma e de um algoritmo em Portugol para atender às competições de natação que serão realizadas em um clube. Como entrada de valores, esse fluxograma deverá receber o número de competidores (*N*) e os seus respectivos tempos (em segundos).

Como resultado, o fluxograma deverá apresentar o tempo médio obtido, levando-se em consideração todos os nadadores. Também deve exibir o melhor e o pior tempo conseguidos na competição.

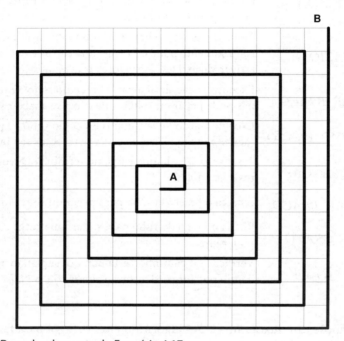

FIGURA 4.24 Desenho da roseta do Exercício 4.17.

4.19. Reescreva o fluxograma da Figura 4.6 para que a calculadora seja operada de forma *pós-fixa*, ou seja, digitam-se primeiro os operandos e depois a operação. Por exemplo, a operação 3 + 3 − 2, que resulta em 4, é escrita assim: 3 3 + 2 −.

Prove que essa versão permitirá o uso iterativo da calculadora sem necessidade alguma de parênteses ou de mais variáveis para o cálculo de expressões mais complexas. Depois, elabore uma versão deste fluxograma em Portugol.

4.20. ☼ Elabore um fluxograma e um algoritmo em Portugol que leiam um número n (o número de termos de uma progressão aritmética), a_1 (o primeiro termo da progressão) e r (razão), e escrevam todos os termos dessa progressão, bem como a soma dos elementos.

4.21. ☼ Construa um fluxograma e um algoritmo em Portugol que leiam um número n (o número de termos de uma progressão geométrica), a_1 (o primeiro termo da progressão) e r (razão), e escrevam todos os termos dessa progressão, bem como a soma dos elementos.

4.22. ☼ Faça um fluxograma e um algoritmo em Portugol que leiam dois valores inteiros e positivos, X e Y. Por meio de multiplicações sucessivas, calcule e exiba a função de exponenciação X^Y.

4.23. ☼ Produza um fluxograma e um algoritmo em Portugol que calculem e exibam o valor da série S a partir de x e n digitados:

$$S = \ln x + x + \frac{x^2}{2} + \frac{x^3}{3} + \ldots + \frac{x^n}{n}$$

4.6 EXERCÍCIOS RESOLVIDOS

FLUXOGRAMAS

4.5.

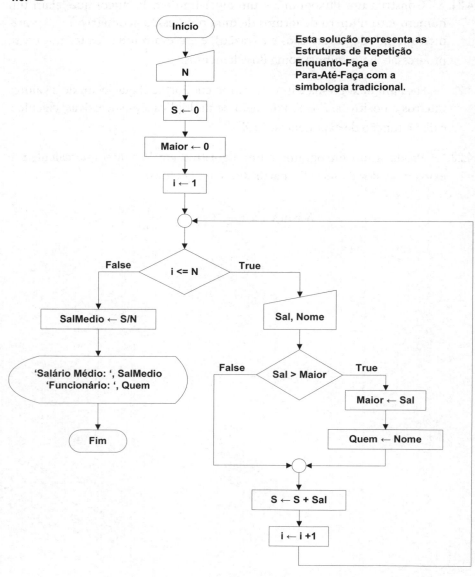

Cap. 4 ESTRUTURAS DE PROGRAMAÇÃO ▪ **187**

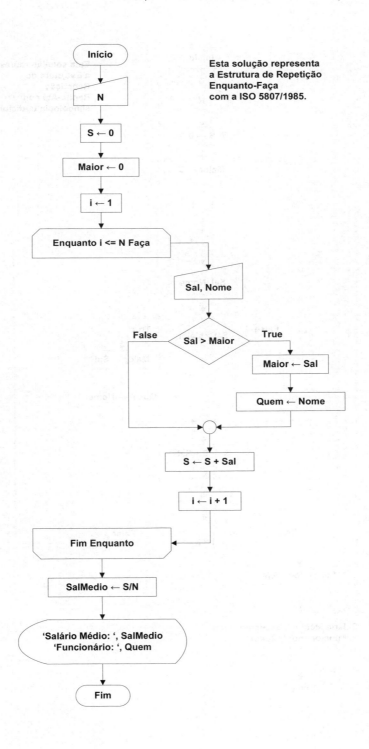

Esta solução representa a Estrutura de Repetição Enquanto-Faça com a ISO 5807/1985.

188 • ALGORITMOS E LÓGICA DE PROGRAMAÇÃO

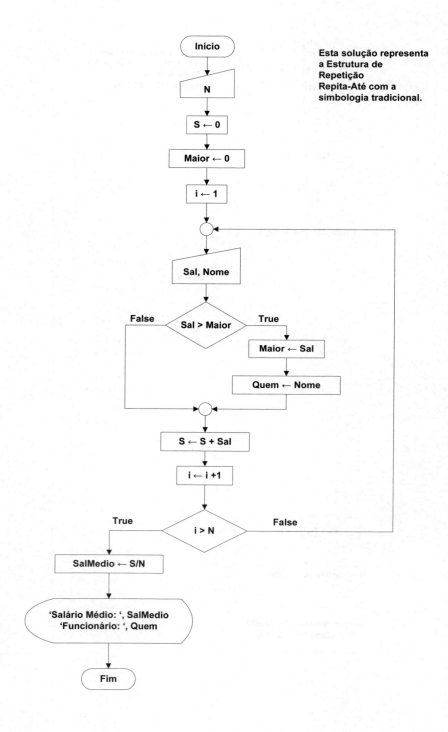

Esta solução representa a Estrutura de Repetição Repita-Até com a simbologia tradicional.

Cap. 4 ESTRUTURAS DE PROGRAMAÇÃO ▪ 189

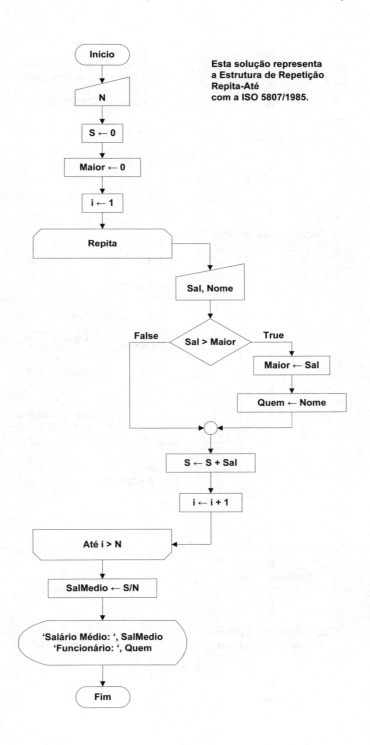

Esta solução representa a Estrutura de Repetição Repita-Até com a ISO 5807/1985.

190 ▪ ALGORITMOS E LÓGICA DE PROGRAMAÇÃO

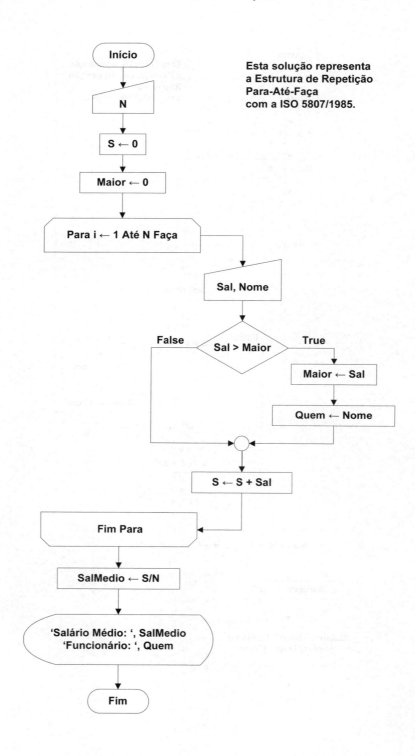

Esta solução representa a Estrutura de Repetição Para-Até-Faça com a ISO 5807/1985.

PORTUGOL

4.5. ENQUANTO-FAÇA

Início
1. $Ler(N)$
2. $S \leftarrow 0$
3. $Maior \leftarrow 0$
4. $i \leftarrow 1$
5. **Enquanto** $i <= N$ **Faça**
6. $Ler(Sal, Nome)$
7.   **Se** $Sal > Maior$ **Então**
8. $Maior \leftarrow Sal$
9. $Quem \leftarrow Nome$
10.   **Fim Se**
11. $S \leftarrow S + Sal$
12. $i \leftarrow i + 1$
13. **Fim Enquanto**
14. $SalMedio \leftarrow S / N$
15. $Exibir$('Salário Médio: ', $SalMedio$, 'Funcionário: ', $Quem$)

Fim

REPITA-ATÉ

Início
1. $Ler(N)$
2. $S \leftarrow 0$
3. $Maior \leftarrow 0$
4. $i \leftarrow 1$
5. **Repita**
6. $Ler(Sal, Nome)$
7.   **Se** $Sal > Maior$ **Então**
8. $Maior \leftarrow Sal$
9. $Quem \leftarrow Nome$
10.   **Fim Se**
11. $S \leftarrow S + Sal$
12. $i \leftarrow i + 1$
13. **Até** $i > N$
14. $SalMedio \leftarrow S / N$
15. $Exibir($'Salário Médio: '$, SalMedio,$ 'Funcionário: '$, Quem)$

Fim

PARA-ATÉ-FAÇA

Início
1. $Ler(N)$
2. $S \leftarrow 0$
3. $Maior \leftarrow 0$
4. **Para** $i \leftarrow 1$ **Até** N **Faça**
5. $Ler(Sal, Nome)$
6.   **Se** $Sal > Maior$ **Então**
7. $Maior \leftarrow Sal$
8. $Quem \leftarrow Nome$
9.   **Fim Se**
10. $S \leftarrow S + Sal$
11. **Fim Para**
12. $SalMedio \leftarrow S / N$
13. $Exibir(\text{'Salário Médio: '}, SalMedio, \text{'Funcionário: '}, Quem)$

Fim

CAPÍTULO 5 **VARIÁVEIS INDEXADAS**

No Capítulo 3 foi apresentado o conceito de variável como uma forma de representar um espaço da memória do computador onde se pode armazenar algum dado. Foi visto também que esse dado possui algum tipo, que se convencionou nas seguintes categorias: números inteiros, números reais, caracteres, cadeias de caracteres e tipos lógicos. Além disso, no Capítulo 4 foi apresentado um conjunto de notações que permite descrever algoritmos na forma de fluxogramas e/ou Portugol representando soluções de problemas que envolvem desde simples conjuntos de comandos sequenciais até comandos que realizam repetições. Embora seja possível somente com os conceitos vistos até agora elaborar algoritmos que possibilitam representar qualquer programa de computador, existem alguns problemas nos quais trabalhar apenas com variáveis simples gera uma limitação na criação e no entendimento de um programa. Neste capítulo será apresentado o conceito de variável indexada, que permitirá a manipulação de grandes massas de dados, proporcionando, assim, a solução de problemas mais interessantes em computação.

5.1 MOTIVAÇÃO

Considere o problema de ordenar, de forma decrescente, três valores inteiros. A ideia é sintetizada pelo Algoritmo 5.1.

> **ALGORITMO 5.1** Algoritmo para ordenar três valores.
>
> **Início**
> 1. Ler três valores A, B e C
> 2. Ordenar os três valores de forma que A >= B >= C
> 3. Exibir os valores A, B e C em ordem.
> **Fim**

Um fluxograma que representa a solução deste problema está ilustrado na Figura 5.1.

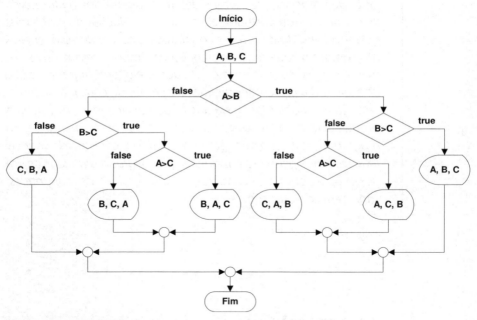

FIGURA 5.1 Fluxograma para ordenar três valores.

Agora, considere o mesmo problema, mas desta vez para ordenar dez números inteiros de forma decrescente. Alguém se arrisca a resolver este problema conforme o exemplo anterior? Um problema genérico para ordenar n elementos vai gerar $n!$ resultados diferentes! Com dez variáveis diferentes, usando o método anterior, deverão ser exibidos 10! (3.628.800) resultados, além de escrever um número de comparações também da ordem de $n!$ (total de losangos a ser desenhados).

Além disso, existe o desconforto de trabalhar com dez nomes de variáveis diferentes. Assim, precisa-se de uma maneira melhor para representar grandes quantidades de dados sem a necessidade de utilizar nomes de variáveis distintas nem complicar os algoritmos. Uma forma de resolver este problema é empregar um tipo especial de variável, que representa um *conjunto ordenado e homogêneo de dados*, acessível por um *único nome* e um *índice*. As variáveis deste tipo são denominadas **variáveis indexadas**.

5.2 VARIÁVEIS INDEXADAS UNIDIMENSIONAIS

As **variáveis indexadas** representam **conjuntos ordenados**[1] de valores homogêneos (isto é, do mesmo tipo), que podem ser números inteiros, reais, caracteres, cadeias de caracteres ou ainda valores lógicos.

Tomando como exemplo os prédios de uma grande universidade, como a quantidade de prédios pode ser grande, percebe-se a necessidade de adicionar algum sistema de localização. Por exemplo, cada prédio poderia ser identificado por uma letra.

Por sua vez, as salas dos prédios podem ser divididas em salas de aula ou escritórios para professores e pessoal administrativo. Da mesma forma que os prédios poderiam ser identificados por letras, as salas de um prédio poderiam ser identificadas por números. Portanto, um prédio poderia ser identificado pela letra Q e suas salas, por números inteiros, como 1, 2, 3, ...

Dessa maneira, pode-se referir às salas de aula utilizando-se os nomes como Q1, Q2, Q3 etc. Assim, um aluno sabe que a sua aula de Desenho poderia ser, por exemplo, na sala Q5, ou seja, a sala 5 do prédio Q.

Então, variando-se apenas o número da sala, é possível determinar o local, isto é, saber a qual sala está se referindo. O número utilizado em questão tem a função de **índice** e, por isso, pode-se afirmar que o bloco Q é indexado. Outro exemplo é a própria lista de presença: o índice é o número de matrícula do aluno, de modo que, localizado o índice, se sabe onde assinar.

A ideia apresentada nos parágrafos anteriores leva ao conceito de **variável indexada unidimensional**. Uma variável indexada unidimensional é aquela que, a partir de um único nome e de um número (o índice), permite o armazenamento e a localização de um conjunto de dados. As variáveis indexadas unidimensionais também são conhecidas por **arranjos** unidimensionais ou

---

[1] Ordenado no sentido de estarem localizados em alguma posição, e não de estarem respeitando a relação $<$, $\leq$, $>$ ou $\geq$.

ainda **vetores**, nome, aliás, que será adotado deste ponto em diante neste livro. Os vetores podem ser de qualquer tipo de dado válido, isto é, inteiros, reais, cadeias de caracteres, booleanos etc.

5.3 REPRESENTAÇÃO DE VETORES NA MEMÓRIA DO COMPUTADOR

À primeira vista, talvez surja um problema: o conceito de variável apresentado até então diz que esta é uma área da memória que pode armazenar um único valor por vez. O conceito de variável indexada discutido na Seção 5.2 mostra uma variável que pode conter diversos valores de uma única vez. Como isso é possível?

Quando se define um vetor, na realidade está se requisitando ao sistema operacional do computador para que reserve uma área contínua de memória a fim de armazenar os valores de um mesmo tipo de dado. Essa área da memória é, na verdade, um conjunto de posições simples e contínuas de memória (ou "caixinhas", se preferir) que são reservadas, ficando uma após a outra. A esse conjunto de "caixinhas" é associado um único nome de variável e com o auxílio de um número conveniente – o índice – localiza-se uma "caixinha" específica cujo valor se deseja manipular.

Voltando ao caso das variáveis comuns, uma variável denominada A que guarda o valor 15 é armazenada, na memória do computador, em alguma "caixa" ou posição da memória, como, por exemplo, na posição 100, conforme ilustrado na Figura 5.2.

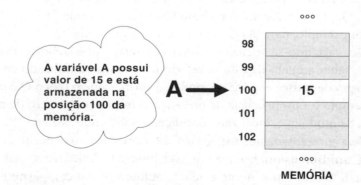

FIGURA 5.2 Armazenamento de uma variável simples na memória.

Agora, considere que A é um vetor de quatro elementos inteiros, com valores –3, 4, 5 e 0, nesta ordem. Nesse caso, esses valores são armazenados contiguamente em "caixinhas" da memória a partir de alguma posição inicial, como, por exemplo, 100, conforme mostrado na Figura 5.3.

Observe que agora se tem um único nome de variável, A, e ele representa quatro valores ao mesmo tempo. Cabe, antes de tudo, saber como utilizar essa variável, isto é, como operar com seus valores, mas independentemente do conhecimento de em qual posição da memória ela ficará de fato armazenada.

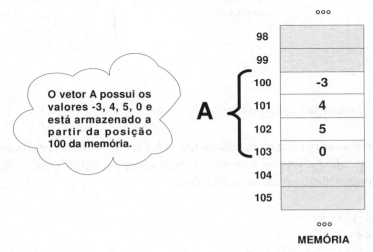

FIGURA 5.3 Armazenamento de um vetor na memória.

5.4 UTILIZAÇÃO DE VETORES

Embora uma variável tipo vetor armazene um conjunto de elementos simultaneamente, a manipulação desses elementos é individual, como se fossem "um conjunto de variáveis de mesmo nome identificadas por números individuais".

Os números que identificam os elementos do vetor são denominados índices. Para localizar algum elemento do vetor, será utilizado o nome da variável vetor seguido dos símbolos "[" e "]", no interior dos quais se especifica o número representando o índice do vetor desejado, conforme apontado na Figura 5.4.

Na Figura 5.4, a expressão $A[1]$ representa a posição da memória que armazena o primeiro elemento de A. Dessa forma, considerando que o vetor A da referida figura possua quatro elementos, como –3, 5, 4 e 0, tem-se:

- $A[1]$ armazena o valor –3;

- A[2] armazena o valor 5;
- A[3] armazena o valor 4;
- A[4] armazena o valor 0.

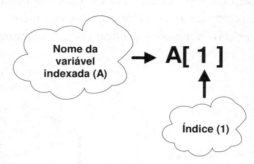

FIGURA 5.4 Notação para utilizar vetores.

Opera-se com cada elemento de um vetor realizando as operações descritas no Capítulo 3 como se fossem variáveis independentes, porém ligadas ao nome do vetor. Seguem alguns exemplos:

- A[1] ← 6;
- x ← A[4]
- A[3] ← 2 * A[3]
- A[4] ← x + A[1]

As operações executadas são (de acordo com os valores propostos anteriormente):

- No primeiro exemplo, o elemento inicial de A tem seu valor alterado para 6.
- No segundo, uma variável denominada x recebe o valor de A[4]. Com os valores propostos, o valor de x será 0.
- No terceiro, o valor de A[3] obtém seu valor atual multiplicado por dois. Como o valor de A[3] é 4, o novo valor de A[3] será 8.
- No último exemplo, o valor de A[4] recebe o valor da variável x somado ao do elemento A[1]. Logo, A[4] armazenará o valor –3.

Conclui-se, então, que cada elemento do vetor é operado da mesma forma com a qual se operava com as variáveis convencionais. Para a manipulação de um vetor será preciso utilizar seus elementos individualmente, acessados pelos seus respectivos índices.

Algumas observações **importantes**:

1. Os índices que acessam os elementos de um vetor de tamanho n não precisam ser necessariamente enumerados no intervalo [1, n]. Esta, no entanto, é a numeração mais óbvia. Nada impede que se defina um intervalo de índices como [0, $n-1$] ou [-3, $n-4$] e assim por diante.
2. Apesar de não ser necessário declarar explicitamente o tamanho do vetor em um fluxograma, ele possui um tamanho máximo definido pelo problema. Utilizar índices que ultrapassem o maior índice do vetor ou que sejam menores que o menor índice de um vetor é uma operação **ilegal** e constitui um **erro** no algoritmo.
3. Somente os números inteiros ou as variáveis inteiras podem ser utilizados como índices de um vetor. Por exemplo, se i for uma **variável inteira** contendo um número que está dentro do intervalo de índices de um vetor A, $A[i]$ será uma expressão válida.

5.5 EXEMPLOS DE ALGORITMOS COM VETORES

5.5.1 LOCALIZAÇÃO DE UM ELEMENTO DO VETOR

Deseja-se saber o número de pessoas presentes em uma sala específica do bloco Q (contendo seis salas) de uma universidade. Para isso, é necessário um vetor que tenha tamanho 6 e que cada posição armazene o número de pessoas em cada sala. O número de pessoas em cada sala está distribuído de acordo com a Tabela 5.1.

TABELA 5.1 Distribuição de pessoas nas salas de aula.

Sala	Pessoas
1	35
2	4
3	22
4	20
5	36
6	30

Pode-se criar um vetor com seis elementos numerados de 1 a 6, representando uma sala cada um, armazenando em cada posição o número de pessoas presentes na respectiva sala. Será utilizado um vetor denominado Q, cujos elementos serão assim atribuídos:

- $Q[1] \leftarrow 35$
- $Q[2] \leftarrow 4$
- $Q[3] \leftarrow 22$
- $Q[4] \leftarrow 20$
- $Q[5] \leftarrow 36$
- $Q[6] \leftarrow 30$

O algoritmo básico para resolver esse problema está descrito no Algoritmo 5.2; seu fluxograma está representado pela Figura 5.5; e sua representação em Portugol representada pelo Algoritmo 5.3.

ALGORITMO 5.2 Algoritmo para armazenar e localizar elementos de um vetor.

Início
1. Armazene os valores nos elementos do vetor.
2. Forneça o número da sala desejada.
3. Exiba a quantidade de alunos na sala desejada.

Fim

Nesse exemplo, deve-se primeiramente armazenar no vetor Q os valores desejados, correspondentes aos alunos de cada sala. Em seguida, lê-se na variável *Sala* um número equivalente àquela cuja quantidade de alunos se deseja consultar.

O bloco de exibição contendo a expressão Q[*Sala*] mostra o valor existente na posição do vetor Q indicada pelo índice cujo valor está na variável *Sala*. Por exemplo, se ao simular esse fluxograma for digitado o valor 4 na variável *Sala*, o valor a ser exibido será Q[4], ou seja, 20.

No entanto, se for digitado um valor menor que 1 ou maior que 6, haverá a violação dos índices do vetor. Para evitar esse tipo de problema, deve-se acrescentar um teste ao algoritmo, conforme descrito pela Figura 5.6 e pelo Algoritmo 5.4.

Cap. 5   VARIÁVEIS INDEXADAS   ▪   **203**

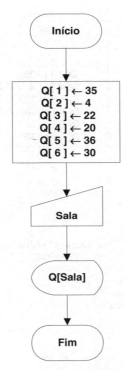

FIGURA 5.5   Fluxograma para armazenar e localizar elementos de um vetor.

ALGORITMO 5.3   Algoritmo em Portugol para armazenar e localizar elementos de um vetor.

Início
1. $Q[1] \leftarrow 35$
2. $Q[2] \leftarrow 4$
3. $Q[3] \leftarrow 22$
4. $Q[4] \leftarrow 20$
5. $Q[5] \leftarrow 36$
6. $Q[6] \leftarrow 30$
7. *Ler* (*Sala*)
8. *Exibir* (*Q*[*Sala*])

Fim

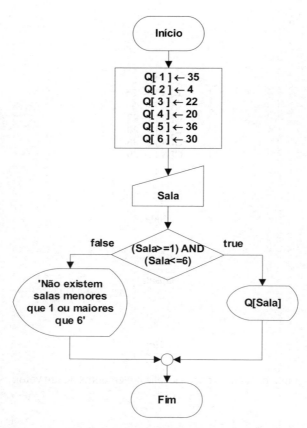

FIGURA 5.6 Versão segura do fluxograma para armazenar e localizar elementos de um vetor.

5.5.2 MÉDIA ARITMÉTICA DOS ELEMENTOS DE UM VETOR

Utilizando o mesmo vetor da Seção 5.5.1, serão elaboradas representações de algoritmos que permitam a entrada do número de alunos de cada sala e, então, exibir a média de alunos por sala. A representação em fluxograma deste algoritmo está ilustrada na Figura 5.7 enquanto sua representação em Portugol está representada pelo Algoritmo 5.5.

Nesse exemplo, dentro do laço de repetição exibido, é realizada a leitura para o C-ésimo elemento do vetor Q (C é na realidade um contador de 1 a 6). Após a leitura, tem-se o acúmulo do valor digitado com uma soma parcial já existente na variável *Soma*. Por fim, dividindo a *Soma* pelo número de elementos lidos (6), obtém-se a média.

ALGORITMO 5.4 Versão segura do algoritmo em Portugol para armazenar e localizar elementos de um vetor.

Início
1. $Q[1] \leftarrow 35$
2. $Q[2] \leftarrow 4$
3. $Q[3] \leftarrow 22$
4. $Q[4] \leftarrow 20$
5. $Q[5] \leftarrow 36$
6. $Q[6] \leftarrow 30$
7. *Ler* (*Sala*)
8. **Se** (*Sala* >= 1) **AND** (*Sala* <= 6) **Então**
9.   *Exibir* (*Q*[*Sala*])
10. **Senão**
11.   *Exibir* ('Não existem salas menores que 1 ou maiores que 6')
12. **Fim Se**

Fim

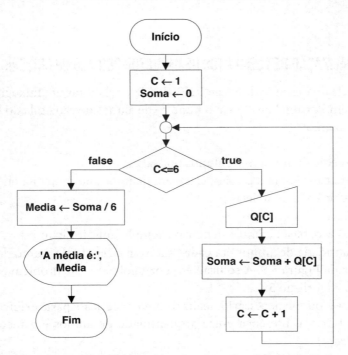

FIGURA 5.7 Fluxograma para calcular a média aritmética dos elementos de um vetor.

ALGORITMO 5.5 Algoritmo em Portugol para calcular a média aritmética dos elementos de um vetor.

Início
1. $C \leftarrow 1$
2. $Soma \leftarrow 0$
3. **Enquanto** $C <= 6$ **Faça**
4. $Ler(Q[C])$
5. $Soma \leftarrow Soma + Q[C]$
6. $C \leftarrow C + 1$
7. **Fim Enquanto**
8. $Media \leftarrow Soma/6$
9. $Exibir$ ('A média é:', $Media$)

Fim

5.5.3 LOCALIZAÇÃO DE ELEMENTOS DE UM VETOR POR ALGUM CRITÉRIO

Na sequência do exemplo da Seção 5.5.2, deseja-se elaborar um fluxograma e um algoritmo em Portugol que leiam o número de alunos de cada sala do bloco Q e, então, calculem:

- a média do número de alunos por sala;
- para cada soma das salas, calculem quantos alunos acima ou abaixo da média cada uma delas possui.

Nesse caso, basta complementar o exemplo anterior exibindo a diferença entre a quantidade de alunos em cada sala e a média obtida, como descrito no fluxograma da Figura 5.8. A solução em Portugol para este problema está apresentada no Algoritmo 5.6.

Observe que é necessário realizar uma repetição para exibir o número da sala (C) e a diferença entre a quantidade de alunos e a média obtida ($Q[C]$ – $Media$).

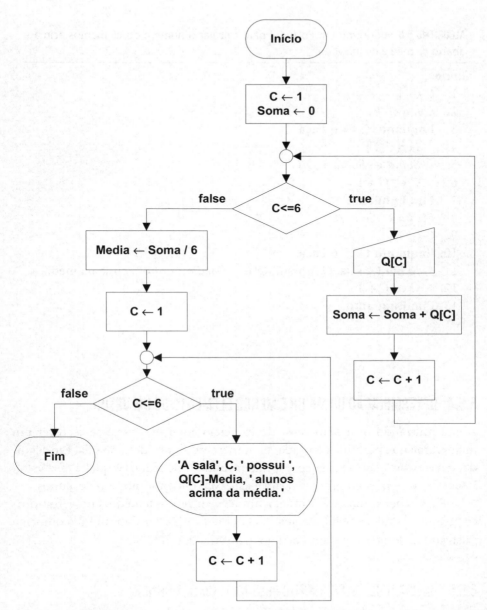

FIGURA 5.8 Fluxograma para calcular o número de elementos acima e abaixo da média de um vetor.

ALGORITMO 5.6 Algoritmo em Portugol para calcular o número de elementos acima e abaixo da média de um vetor.

Início
1. $C \leftarrow 1$
2. $Soma \leftarrow 0$
3. **Enquanto** $C <= 6$ **Faça**
4. $\quad Ler(Q[C])$
5. $\quad Soma \leftarrow Soma + Q[C]$
6. $\quad C \leftarrow C + 1$
7. **Fim Enquanto**
8. $Media \leftarrow Soma/6$
9. $C \leftarrow 1$
10. **Enquanto** $C <= 6$ **Faça**
11. $\quad Exibir$ (A sala, C, 'possui', $Q[C]$ – $Media$, 'alunos acima da média')
12. $\quad C \leftarrow C + 1$
13. **Fim Enquanto**

Fim

5.5.4 DETERMINAÇÃO DO MAIOR E MENOR ELEMENTO DE UM VETOR

Ainda utilizando o mesmo vetor do exercício anterior, deseja-se escrever um fluxograma que permita a entrada do número de alunos de cada sala. Em seguida, deve exibir qual é a sala com o maior número de alunos e qual é esse valor. Repete-se esse mesmo processo para a sala com o menor número de alunos.

Para achar o maior e o menor número entre os elementos do vetor, procede-se de forma semelhante aos Exercícios 11 e 12 do Capítulo 3, conforme ilustrado na Figura 5.9 e em Portugol pelo Algoritmo 5.7.

5.5.5 CÁLCULO DE UM POLINÔMIO PELO MÉTODO DE HORNER

Como exemplo final desta seção, deseja-se calcular o valor de um polinômio de grau n em um ponto x qualquer. Um polinômio de grau $n \geq 0$ é definido por:

$$P(x) = a_n x^n + a_{n-1} x^{n-1} + \ldots + a_1 x + a_0$$

Cap. 5 VARIÁVEIS INDEXADAS ▪ **209**

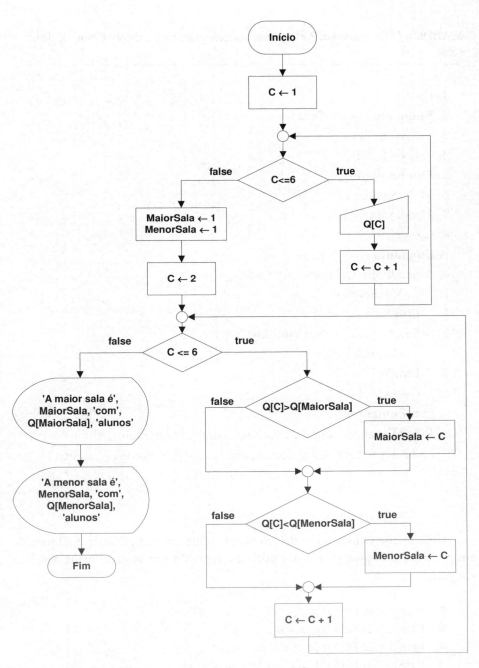

FIGURA 5.9 Fluxograma para calcular o maior e o menor elemento de um vetor.

ALGORITMO 5.7 Algoritmo em Portugol para calcular o maior e o menor elemento de um vetor.

Início
1. $C \leftarrow 1$
2. **Enquanto** $C <= 6$ **Faça**
3. $Ler(Q[C])$
4. $C \leftarrow C + 1$
5. **Fim Enquanto**
6. $MaiorSala \leftarrow 1$
7. $MenorSala \leftarrow 1$
8. $C \leftarrow 2$
9. **Enquanto** $C <= 6$ **Faça**
10.   **Se** $Q[C] > Q[MaiorSala]$ **Então**
11. $MaiorSala \leftarrow C$
12.   **Fim Se**
13.   **Se** $Q[C] > Q[MenorSala]$ **Então**
14. $MenorSala \leftarrow C$
15.   **Fim Se**
16. $C \leftarrow C + 1$
17. **Fim Enquanto**
18. *Exibir* ('A maior sala é', *MaiorSala*, 'com', *Q[MaiorSala]*, 'alunos')
19. *Exibir* ('A menor sala é', *MenorSala*, 'com', *Q[MenorSala]*, 'alunos')

Fim

Uma forma conveniente de calcular o valor em um ponto x qualquer de um polinômio de grau n, $n \geq 0$, é utilizar a regra de *Horner*, conforme descrito a seguir:

- Para $n = 0$: $P(x) = a_0$;
- Para $n = 1$: $P(x) = a_1 x + a_0$;
- Para $n = 2$: $P(x) = (a_2 x + a_1)x + a_0$;
- Para $n = 3$: $P(x) = ((a_3 x + a_2)x + a_1)x + a_0$;
- Para um grau $n > 3$: estender a aplicação das regras anteriores.

Percebe-se que é possível calcular o valor de um ponto x qualquer de um polinômio utilizando apenas multiplicações, sem a necessidade de calcular explicitamente as potências n-ésimas de cada termo.

Pode-se abstrair esse polinômio para um algoritmo armazenando seus coeficientes em um vetor A de tamanho $N + 1$. Considerando a variável temporária t com valor inicial igual a $A[N]$, se N for maior ou igual a 1, executam-se N vezes as seguintes instruções, com o valor de i inicialmente igual a N e com valor final igual a 1:

$t \leftarrow t * x$ {calcular $a_i * x$}
$t \leftarrow t + A[i - 1]$ {calcular $a_i * x + a_{i-1}$}
$i \leftarrow i - 1$ {considerar o próximo termo}

No final, P (o valor desejado) é igual a t. Se n for igual a 0, o resultado é automático: $P = A[0]$. O fluxograma que resolve esse problema está descrito na Figura 5.10 e o algoritmo em Portugol está descrito no Algoritmo 5.8.

5.6 VARIÁVEIS INDEXADAS BIDIMENSIONAIS

Uma variável indexada bidimensional é uma tabela de valores colocados em linhas e colunas. Nesse caso, para identificar um entre os diversos valores, é necessário saber em qual linha e em qual coluna ele está armazenado (daí, bidimensional – duas dimensões). As variáveis indexadas bidimensionais são também conhecidas como **tabelas**, **arranjos bidimensionais** ou simplesmente **matrizes**.

Utilizando novamente a metáfora dos prédios de uma universidade, em prédios que possuem mais de um andar, a localização das salas poderia ser feita com o auxílio de dois números. Por exemplo, em um prédio identificado pelo símbolo P, com dois andares, a localização das salas poderia ser feita da seguinte forma: o primeiro número representa o andar (de baixo para cima) e o segundo número, as salas de cada andar. A distribuição das salas poderia assumir uma configuração segundo a Tabela 5.2.

TABELA 5.2 Distribuição das salas de aula em um prédio com dois andares.

P21	P22	P23	P24
P11	P12	P13	P14

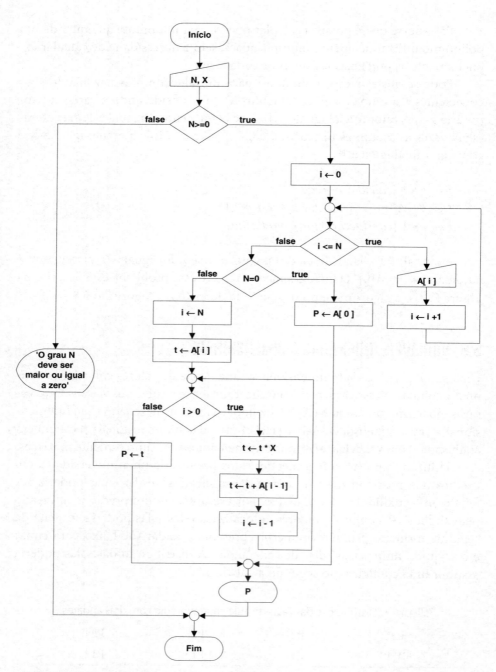

FIGURA 5.10 Fluxograma para calcular um polinômio pelo método de Horner.

ALGORITMO 5.8 Algoritmo em Portugol para calcular um polinômio pelo método de Horner.

Início
1. Ler (N, X)
2. **Se** $N >= 0$ **Então**
3.   **Para** $i \leftarrow 0$ **Até** N **Faça**
4. $Ler(A[i])$
5.   **Fim Para**
6.   **Se** $N = 0$ **Então**
7. $P \leftarrow A[0]$
8.   **Senão**
9. $i \leftarrow N$
10. $t \leftarrow A[i]$
11.   **Enquanto** $i > 0$ **Faça**
12. $t \leftarrow t * X$
13. $t \leftarrow t + A[i-1]$
14. $i \leftarrow i - 1$
15.   **Fim Enquanto**
16. $P \leftarrow t$
17.   **Fim Se**
18. $Exibir(P)$
19. **Senão**
20. $Exibir$('O grau N deve ser maior ou igual a zero')
21. **Fim Se**
Fim

Nesse sistema, a sala $P23$ está no segundo andar, sendo a terceira da direita para a esquerda. Essa tabela poderia servir para indicar a ocupação das salas de aula, preenchendo cada célula com o número de alunos que está em cada sala, conforme a Tabela 5.3.

Esse novo arranjo poderia ser convenientemente simbolizado por $P_{i,j}$, com i variando de 1 a 2 e j de 1 a 4. Na notação de elemento de matriz a ser adotada neste livro, cada sala seria representada por $P[i, j]$, em que P é o nome dado à **variável indexada bidimensional** e i e j, os nomes das variáveis inteiras que controlam os índices de linha e coluna, respectivamente.

TABELA 5.3 Tabela de ocupação das salas de aula.

80	65	0	13
95	58	52	120

As matrizes podem ser tratadas da mesma forma que os vetores, observando-se o seguinte (pode ser estendido para mais dimensões):

- Um elemento da matriz será localizado por dois índices. Por exemplo, uma variável indexada bidimensional, denominada *tabela*, tem seu quinto elemento da primeira linha obtido por *tabela*[1, 5]. Assim, refere-se ao 5º elemento da 1ª linha da tabela. Os valores entre "[" e "]" indicam a posição do elemento e são chamados **índices**: o **primeiro** deles correspondendo à **linha** e o **segundo**, à **coluna**.
- Da mesma forma que em vetores, é possível acessar os elementos de uma matriz utilizando uma forma indireta. Por exemplo, *tabela*[n, k] representará o 5º elemento da 1ª linha da variável *tabela*, se n for igual a 1 e k igual a 5.
- Ao variar os índices, será possível percorrer os elementos da tabela de diversas formas, dependendo do problema em questão.
- Em qualquer expressão que for utilizado um elemento de uma tabela, será empregado o valor armazenado na tabela, e não os índices.
- O comando de atribuição $A[i, j] \leftarrow 6$ será entendido como "armazene o valor 6 na variável A, na posição dada pela linha i e coluna j".
- O comando de atribuição $C[i, j] \leftarrow A[i, j] + B[i, j]$ será compreendido como "recupere o valor que está na linha i e coluna j da tabela A, some com o valor que está na linha i e coluna j da tabela B e armazene o resultado da soma na posição dada pela linha i e coluna j da tabela C". Os valores de $A[i, j]$ e $B[i, j]$ não mudam, somente será alterado o valor de $C[i, j]$.
- O teste $A[i, j] >= A[i, k]$ fornece um resultado verdadeiro (*true*), se o valor da linha i e coluna j da tabela A for maior ou igual ao valor da linha i, coluna k dessa mesma tabela. Isso definirá o caminho a seguir.

5.7 EXEMPLOS DE ALGORITMOS COM MATRIZES

5.7.1 LEITURA DE ELEMENTOS PARA UMA MATRIZ

O fluxograma da Figura 5.11 e o algoritmo em Portugol do Algoritmo 5.9 executam a leitura de uma matriz de N linhas e M colunas (denominada A) para a memória do computador (nota-se o uso dos símbolos específicos de repetição da ISO 5807 no fluxograma).

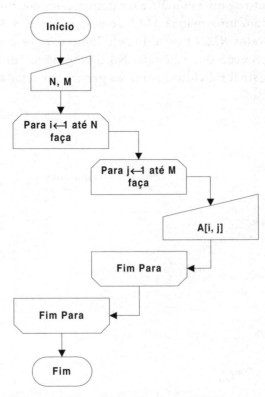

FIGURA 5.11 Fluxograma para realizar a leitura de uma matriz.

ALGORITMO 5.9 Algoritmo em Portugol para realizar a leitura de uma matriz.

Início
1. *Ler* (N, M)
2. **Para** *i* ← 1 **Até** *N* **Faça**
3.   **Para** *j* ← 1 **Até** *M* **Faça**
4.   *Ler*(A[i, j])
5.   **Fim Para**
6. **Fim Para**

Fim

5.7.2 PRODUTO DE UM VETOR POR UMA MATRIZ

O fluxograma da Figura 5.12 e o algoritmo em Portugol do Algoritmo 5.10 executam o produto de um vetor *VET* (matematicamente, uma matriz linha), de dimensão *N* com uma matriz *MAT* de dimensões $N \times M$, e armazenam esse produto no vetor *RES* (dimensão *M*). Tanto o vetor como a matriz são lidos antes da execução dos cálculos. No fluxograma, em decorrência das suas dimensões, este foi dividido em duas partes, conectadas pela "bolinha" (conector) numerada.

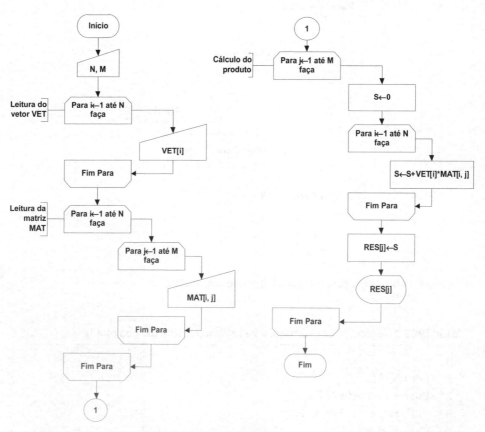

FIGURA 5.12　Fluxograma para multiplicar um vetor por uma matriz.

ALGORITMO 5.10 Algoritmo em Portugol para multiplicar um vetor por uma matriz.

Início
1. Ler (N, M)
2. **Para** i ← 1 **Até** N **Faça**
3.   Ler(VET[i])
4. **Fim Para**
5. **Para** i ← 0 **Até** N **Faça**
6.   **Para** j ← 0 **Até** M **Faça**
7.   Ler (MAT[i, j])
8.   **Fim Para**
9. **Fim Para**
10. **Para** j ← 1 **Até** M **Faça**
11.   S ← 0
12.   **Para** i ← 1 **Até** N **Faça**
13.   S ← S + VET[i] * MAT[i, j]
14.   **Fim Para**
15.   RES[j] ← S
16.   Exibir(RES[j])
17. **Fim Para**

Fim

5.8 EXERCÍCIOS

5.1. ☼ Simule os exemplos das Seções 5.5.2, 5.5.3 e 5.5.4 para os seguintes conjuntos de valores a serem armazenados no vetor Q:

- (33, 35, 32, 40, 25, 20);
- (31, 30, 25, 30, 10, 24).

5.2. ☼ Considere dois vetores A e B com cinco elementos indexados a partir de 1. Qual será o valor da variável C a ser exibido pelo fluxograma da Figura 5.13, se forem digitados os seguintes valores para os vetores A e B:

- elementos de A: (4, 6, 7, 1, 0) (nesta ordem);
- elementos de B: (7, 1, 3, 1, 2) (nesta ordem).

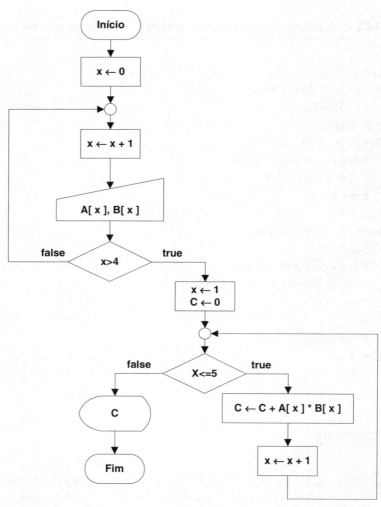

FIGURA 5.13 Fluxograma para o Exercício 5.2.

5.3. ☼ Elabore um fluxograma e um algoritmo em Portugol que calculem e exibam a diferença entre o maior e o menor elemento de um vetor denominado *VALORES* (com *N* elementos). Tanto o número de elementos quanto o conteúdo do vetor são valores lidos.

5.4. ☼ Construa um fluxograma e um algoritmo em Portugol que leiam dois números inteiros *a* e *b*, um vetor inteiro de tamanho *n* e exibam como resposta a contagem de quantos elementos do vetor estão no intervalo fechado [*a*, *b*].

5.5. ☏ Crie um fluxograma e um algoritmo em Portugol que calculem e exibam o desvio médio (*DM*) de um vetor *x* com *n* elementos. Tanto o número de elementos quanto o conteúdo do vetor são valores lidos.
Fórmulas:

$$\overline{x} = \frac{\sum_{i=1}^{n} x_i}{n}$$

$$DM = \frac{\sum_{i=1}^{n} |x_i - \overline{x}|}{n}$$

5.6. ☏ Elabore um fluxograma e um algoritmo em Portugol que calculem e exibam o desvio padrão (σ) de um vetor *x* com *n* elementos. Tanto o número de elementos quanto o conteúdo do vetor são valores lidos.
Fórmulas:

$$\overline{x} = \frac{\sum_{i=1}^{n} x_i}{n}$$

$$\sigma = \sqrt{\frac{\sum_{i=1}^{n} |x_i - \overline{x}|^2}{n-1}}$$

5.7. ☏ Crie um fluxograma e um algoritmo em Portugol para calcular a maior diferença entre dois elementos consecutivos de um vetor chamado *A*, com *N* elementos. Deve-se ler o tamanho do vetor (*N*) e seus elementos (*A*[*i*]) antes de mais nada.

5.8. ☼ Construa um fluxograma e um algoritmo em Portugol para efetuar a soma de todos os elementos de índice par de um vetor de tamanho *N*.

5.9. ☼ Crie um fluxograma e um algoritmo em Portugol que leiam dois vetores A e B de tamanho N e então troquem seus elementos, de forma que o vetor A ficará com os elementos do vetor B e vice-versa.

5.10. ☼ Adapte o fluxograma da Figura 5.10 para calcular e exibir o valor desse polinômio para cada x no intervalo $-10 \leq x \leq 10$, variando o valor de x de 0,5 em 0,5.

5.11. ☼ Elabore um fluxograma e um algoritmo em Portugol que calculem o produto escalar de dois vetores da Geometria Analítica. Use os vetores de tamanho 3 na solução.

5.12. ☼ Elabore um fluxograma e um algoritmo em Portugol que calculem o produto vetorial de dois vetores da Geometria Analítica. Utilize vetores de tamanho 3 na solução.

5.13. ☼ Crie um fluxograma e um algoritmo em Portugol que calculem o produto misto de três vetores da Geometria Analítica. Utilize os vetores de tamanho 3 na solução.

5.14. ☼ Construa um fluxograma e um algoritmo em Portugol que calculem a soma de todos os elementos de índice par de um vetor de tamanho N.

5.15. ☔ Elabore um fluxograma e um algoritmo em Portugol que façam um deslocamento à esquerda de tamanho m vezes (m lido via teclado) em um vetor v de inteiros de tamanho n (n lido via teclado). Por exemplo, a Figura 5.14 apresenta um vetor de tamanho 5 no qual se realiza um deslocamento de tamanho 3.

FIGURA 5.14 Deslocamento em um vetor.

5.16. ☕ Deseja-se construir um sistema de avaliações eletrônico. Para tanto, foi definido que as provas a serem realizadas serão do tipo teste com múltipla escolha (alternativas representadas pelos caracteres 'a', 'b', 'c' e 'd') e que cada prova conterá dez testes. Dessa forma, elabore um fluxograma e um algoritmo em Portugol que permitirão a digitação de um gabarito de uma prova em um vetor de tamanho 10 e depois a digitação de *n* valores de nomes de alunos e de suas respostas (utilize mais 2 vetores). Como saída, a solução deverá produzir os nomes e as notas obtidas (de 0 a 10) em uma prova.

5.17. ☼ Deseja-se elaborar um fluxograma e um algoritmo em Portugol para representar um programa que verifique se o usuário acertou ou não na Mega-Sena. A solução deverá permitir a entrada de um vetor de tamanho 60 do tipo lógico (*true* ou *false*) e então ser comparado com outro vetor de tamanho 60 do mesmo tipo. Esses vetores deverão armazenar o valor *true* nas posições em que o número foi sorteado ou que o usuário apostou. Como resultado, deverá exibir uma mensagem elucidativa, indicando se:

- o usuário não ganhou nada (< 3 acertos);
- o usuário fez uma quadra (4 acertos);
- o usuário fez uma quina (5 acertos);
- o usuário fez uma sena (6 acertos).

5.18. ☼ Elabore um fluxograma e um algoritmo em Portugol que percorram um vetor inteiro de tamanho *n*, realizando trocas 2 a 2, no sentido ascendente, em seus elementos. Por exemplo, a Figura 5.15 apresenta um vetor de tamanho 5, no qual se realizam as trocas entre seus elementos.

FIGURA 5.15 Troca de elementos em um vetor.

Pergunta-se: como a solução deste exercício poderia auxiliar na resolução do Exercício 5.15?

5.19. ☼ Prepare um fluxograma e um algoritmo em Portugol que permitam a entrada de um número *n* inteiro e então o convertam no sistema binário, armazenando o resultado em um vetor de tamanho máximo 16. A solução deverá testar, primeiro, se o valor desse número é maior ou igual a zero e se não ultrapassa o número 65.535, que é o maior valor inteiro que se pode representar com 16 bits (o tamanho do vetor). Depois, o conteúdo desse vetor deve ser exibido na tela.

5.20. ☼ Crie um fluxograma e um algoritmo em Portugol para ler duas matrizes, uma $M \times N$ e outra $N \times M$.

5.21. ☼ Elabore um fluxograma e um algoritmo em Portugol para efetuar a soma dos elementos de uma coluna de uma matriz quadrada de ordem N. O índice da coluna a ser somada deverá ser lido também.

5.22. ☼ Construa um fluxograma e um algoritmo em Portugol para efetuar a soma dos elementos de uma matriz quadrada de ordem N.

5.23. ☺ Construa um fluxograma e um algoritmo em Portugol para efetuar o produto de um valor por todos os elementos da diagonal principal de uma matriz quadrada de ordem M.

5.24. ☺ Elabore um fluxograma e um algoritmo em Portugol para efetuar o produto das duas matrizes, uma $M \times N$ e outra $N \times P$.

5.25. ☺ Crie um fluxograma e um algoritmo em Portugol para efetuar o produto da matriz A ($M \times N$) por um vetor coluna V ($N \times 1$).

5.26. ☺ Elabore um fluxograma e um algoritmo em Portugol para efetuar a soma de todos os elementos de uma matriz quadrada de ordem N abaixo da diagonal principal.

5.27. ☺ Construa um fluxograma e um algoritmo em Portugol para efetuar a soma de todos os elementos de uma matriz de ordem $M \times N$, cuja soma dos índices das linhas e colunas seja par.

5.28. ☂ Construa um fluxograma e um algoritmo em Portugol para exibir todos os elementos de uma matriz 8×8, de acordo com o trajeto indicado na Figura 5.16.

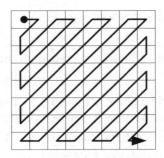

FIGURA 5.16 Trajeto em uma matriz.

5.29. ☼ Um dos algoritmos mais fáceis para compactar uma imagem é aquele conhecido por RLE (*Run Lenght Encoding*). Basicamente, esse algoritmo percorre uma imagem "bitmap" linha a linha e, se em uma linha encontrar dois ou mais bits consecutivos com a mesma cor, ele compacta essa informação escrevendo o número de vezes que o bit foi repetido e em seguida a informação da cor.

Por exemplo, considere que temos uma imagem de 8 por 8 bits, em preto e branco. Uma maneira de representá-la seria por meio de uma matriz 8 × 8, como na Figura 5.17.

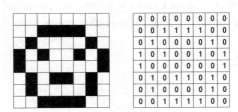

FIGURA 5.17 Imagem em bitmap.

Os dois únicos valores presentes na matriz são os números 0 e 1, representando, respectivamente, pixels brancos e pretos da imagem. Observe que existe uma repetição de valores 1 e 0 consecutivos em algumas linhas (ou colunas) da matriz.

Pode-se também representar essa imagem como um vetor de caracteres, no qual o valor 0 será representado pela letra 'B' e o valor 1, representado pela letra 'P'. Dessa forma, levando em conta as repetições de cores, pode-se codificar a primeira linha assim (veja a Figura 5.17):

'8 B' (8 pixels repetidos da cor branca)

E a terceira linha desse modo:

'1 B 1 P 4 B 1 P 1 B' (1 branco, 1 preto, 4 brancos, 1 preto e 1 branco)

Agora surge a dúvida: como armazenar a imagem inteira? Pode-se definir o número 0 como indicador de separação de linhas. E o fim da imagem? Utilize dois zeros (00) como marcador de fim da imagem.

Então, a imagem da Figura 5.17 pode ser codificada como se fosse o seguinte vetor de caracteres:

'8B02B4P2B01B1P4B1P1B01P1B1P2B1P1B1P01P6
B1P01B1P1B2P1B1P1B01B1P4B1P1B02B4P2B00'

Pede-se: escreva um fluxograma e um algoritmo em Portugol que leiam uma imagem bitmap (valores inteiros 0 e 1) em uma matriz 8 × 8 e que compactem essa imagem em um vetor de tamanho máximo 64, conforme o método discutido anteriormente.

5.30. Escreva um fluxograma e um algoritmo em Portugol que permitam descompactar uma imagem, de acordo com o enunciado do Exercício 5.29.

CAPÍTULO 6 # TÉCNICAS PARA A SOLUÇÃO DE PROBLEMAS

Neste capítulo serão consolidadas as técnicas para a solução de problemas que podem ter tamanho arbitrário. Percebeu-se, por alguns exemplos e exercícios com complexidade média propostos nos capítulos anteriores, que a solução de problemas por um único algoritmo, seja ele representado por fluxograma ou Portugol, tornava árdua sua representação, bem como seu entendimento. As técnicas apresentadas neste capítulo seguem o lema de "dividir para conquistar", ou seja, "quebrar" uma solução única, complexa e difícil de entender, em um conjunto de soluções menores, inteligíveis, que juntas formam a solução final. Neste capítulo será apresentada a técnica *top-down* como aquela que permitirá "dividir para conquistar", bem como a divisão de um sistema em sub-rotinas, permitindo assim modularizar soluções por meio de funções e procedimentos.

6.1 A TÉCNICA *TOP-DOWN*

A técnica *top-down* possui esse nome porque **analisa** primeiramente um problema como um todo (*top*), identificando a seguir uma primeira divisão deste em um conjunto de subproblemas menores (*down*). O processo é realizado dessa forma até que não mais seja necessária nenhuma subdivisão.

Depois da identificação e solução dos subproblemas menores, percorre-se o caminho inverso na **síntese** da solução global: juntam-se as soluções menores obtidas de maneira ordenada até formar a solução procurada.

Em síntese, esta técnica pode ser assim descrita:

1. Entender o problema a ser resolvido.
2. Estabelecer o objetivo a ser alcançado.
3. Dividir o problema (solução desconhecida) em problemas menores, com solução mais simples (ou conhecida) cujo total permita atingir o objetivo.
4. Continuar a subdividir os problemas gerados até que seja possível solucionar todos.
5. A solução do problema original é feita pela junção ordenada das soluções dos problemas finais.

Como motivação para a utilização desta técnica, considere a criação de um projeto mecânico. Algumas pessoas poderiam desenvolver o projeto mostrando todos os detalhes em um único desenho. Sabe-se, porém, que isso é simples se o projeto for rudimentar, mas, caso a complexidade aumente, isso nunca funcionará.

O desenho de uma peça para posterior fabricação segue um processo conhecido. O desenho deve ser representado com uso de pelo menos três vistas: a planta, a elevação e a lateral. Qual a razão disso? A razão está em exibir os diferentes detalhes construtivos da peça de uma forma racional, simples e que não deixe margem a dúvidas.

Mesmo assim, existem situações em que surgem dúvidas; neste caso deve-se efetuar cortes na peça, mostrando os detalhes de forma a torná-los evidentes e dirimir as eventuais dúvidas. Não exibir esses detalhes pode fazer que o produto final não tenha a função originalmente projetada (a peça não serve para aquilo que foi especificado) e expor todos os detalhes em um único desenho dificulta demais a visualização.

Na solução de problemas de âmbito computacional ocorrem situações semelhantes. Com o crescimento do número de comandos a serem utilizados, pode-se facilmente perder a visão do todo, e aquele comando mal posicionado pode pôr a perder todo o trabalho de desenvolvimento (identificar um comando errado em um único e grande programa é como achar uma agulha no palheiro).

6.1.1 EXEMPLO DE APLICAÇÃO

Como exemplo de aplicação da técnica *top-down* será analisado o seguinte problema: deseja-se construir um sistema automatizado para calcular as notas finais em todas as disciplinas de todos os alunos de uma escola. Como isso pode ser feito? A seguir, repetem-se os passos da técnica com foco neste problema.

6.1.1.1 ENTENDIMENTO DO PROBLEMA

O problema exige que se tenha as notas de cada aluno por disciplina. Com esses dados, deve-se calcular e exibir as notas finais.

6.1.1.2 ESTABELECER O OBJETIVO A SER ALCANÇADO

O objetivo é exibir as notas finais de todos os alunos em todas as disciplinas da escola.

6.1.1.3 DIVISÃO DO PROBLEMA

Analisando esse problema de maneira informal, apenas para ter um primeiro contato com a técnica *top-down*, seria possível elaborar o fluxograma da Figura 6.1 e também a sua representação em Portugol pelo Algoritmo 6.1, representando o ponto de partida em busca da solução do problema das notas.

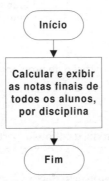

FIGURA 6.1 Fluxograma para o ponto de partida na busca da solução do problema das notas.

ALGORITMO 6.1 Algoritmo em Portugol para o ponto de partida na busca da solução do problema das notas

Início
  1. Calcular e exibir as notas finais de todos os alunos, por disciplina
Fim

Percebe-se que são necessários alguns refinamentos. Passemos, então, para o particionamento do problema.

6.1.1.4 PARTICIONAMENTO DO PROBLEMA

Em uma primeira divisão do problema, descobre-se que é necessário o cálculo das notas dos alunos para cada disciplina, conforme apresentado pelo fluxograma da Figura 6.2 e pela representação em Portugol do Algoritmo 6.2.

FIGURA 6.2 Fluxograma da primeira partição do problema.

ALGORITMO 6.2 Algoritmo em Portugol da primeira partição do problema

Início
1. **Enquanto** Existem disciplinas? **Faça**
2.   Calcular e exibir as notas finais de todos os alunos por disciplina
3. **Fim Enquanto**
Fim

Continuando a subdividir o problema, o próximo refinamento seria calcular e exibir as notas finais de cada aluno para cada disciplina, conforme ilustrado pelo fluxograma da Figura 6.3 e pela representação em Portugol do Algoritmo 6.3.

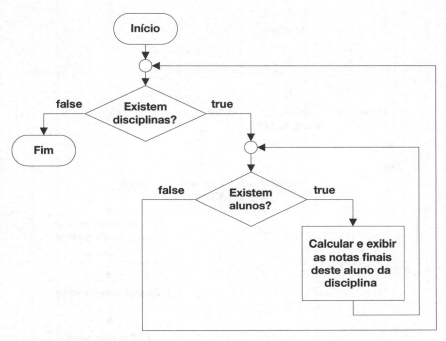

FIGURA 6.3 Fluxograma da segunda partição do problema.

ALGORITMO 6.3 Algoritmo em Portugol da segunda partição do problema.

Início
1. **Enquanto** Existem disciplinas? **Faça**
2. **Enquanto** Existem alunos? **Faça**
3. Calcular e exibir as notas finais deste aluno da disciplina
4. **Fim Enquanto**
5. **Fim Enquanto**
Fim

O próximo refinamento seria definir como calcular e exibir as notas finais para um único aluno, conforme indicado pelo fluxograma da Figura 6.4 e pela representação em Portugol do Algoritmo 6.4. Neste ponto, cabe refinar o processo de cálculo da nota final. Tome como exemplo a expressão apresentada a seguir (supondo que o aluno realize quatro provas no ano):

230 ▪ ALGORITMOS E LÓGICA DE PROGRAMAÇÃO

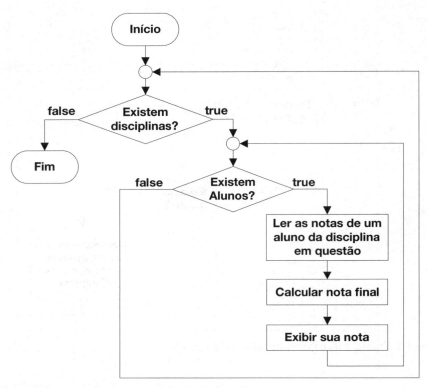

FIGURA 6.4 Fluxograma da terceira partição do problema.

ALGORITMO 6.4 Algoritmo em Portugol da terceira partição do problema.

Início
1. **Enquanto** Existem disciplinas? **Faça**
2.   **Enquanto** Existem alunos? **Faça**
3.   Ler as notas de um aluno da disciplina em questão
4.   Calcular a nota final
5.   Exibir sua nota
6.   **Fim Enquanto**
7. **Fim Enquanto**
Fim

$$P = \frac{P' + 2P'' + 3P_4}{6}$$

Em que:

- P'' é a maior nota entre P_1, P_2 e P_3;
- P' é a segunda maior nota entre P_1, P_2 e P_3.

Com o conhecimento dessa fórmula, basta agora refinar o processo *Calcular Nota Final* a fim de que primeiro se ordenem as notas de modo decrescente (para descobrir a maior e a segunda maior notas) e então aplicar a fórmula. O fluxograma final está apresentado na Figura 6.5 e a representação correspondente em Portugol apresentada no Algoritmo 6.5.

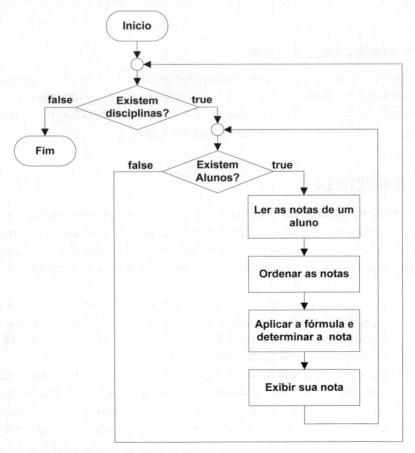

FIGURA 6.5 Fluxograma da partição final do problema.

> **ALGORITMO 6.5** Algoritmo em Portugol da partição final do problema.
>
> **Início**
> 1. **Enquanto** Existem disciplinas? **Faça**
> 2.   **Enquanto** Existem alunos? **Faça**
> 3.   Ler as notas de um aluno
> 4.   Ordenar as notas
> 5.   Aplicar a fórmula e determinar a nota
> 6.   Exibir sua nota
> 7.   **Fim Enquanto**
> 8. **Fim Enquanto**
>
> **Fim**

6.1.1.5 SOLUÇÃO DO PROBLEMA ORIGINAL

Percebe-se que as soluções encontradas já foram colocadas em seus lugares. Para uma versão final, ainda é necessário definir com exatidão os processos apresentados informalmente nas representações dos algoritmos. Para fazer isso, pode-se contar com *sub-rotinas*, assunto das próximas seções.

6.2 SUB-ROTINAS

Sub-rotina ou, ainda, subalgoritmo é o nome dado a um algoritmo que realiza uma tarefa específica, mas não representa um algoritmo (ou solução) completo. As sub-rotinas são utilizadas para a resolução de partes (integrantes e distintas) de algoritmos. Seu uso é aconselhável principalmente para os seguintes casos:

- Evitar que o algoritmo se torne complexo: neste caso a sub-rotina pode representar partes específicas da solução de um problema maior, tornando mais simples o entendimento da solução como um todo (é uma aliada poderosa da técnica *top-down*).
- Incentivar a reutilização de algoritmos: por exemplo, se fosse escrita uma sub-rotina para ordenar um vetor qualquer de tamanho N, esta poderia ser utilizada em qualquer problema que exigisse a ordenação de um vetor de tamanho predefinido, sem a necessidade de reescrevê-lo.

Existem dois tipos de sub-rotinas, que serão descritas a seguir: funções e procedimentos.

6.2.1 FUNÇÕES

As funções são sub-rotinas que retornam um valor calculado. O conceito de função torna-se simples de entender se for lembrado o conceito de funções na Matemática, como, por exemplo, a função *seno*.

Na Matemática, ao escrever $x = sen(0,77)$, está-se aplicando a função *seno* sobre um argumento que, neste exemplo, é 0,77. Esse resultado é então atribuído à variável x. Não é necessário saber *a priori* como realmente funciona essa função, pois esses detalhes se encontram no algoritmo de cálculo da função seno de uma calculadora e em textos de cálculo numérico. Assim, em todas as situações em que se deseja o seno de um número, acaba-se por reutilizar essa função.

Em fluxogramas, as funções são representadas conforme ilustrado na Figura 6.6.

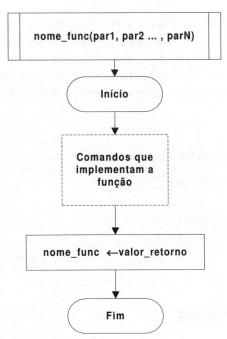

FIGURA 6.6 Representação de função com fluxograma.

Os elementos de uma função, apresentados na Figura 6.6 são:

- *nome_ func*: representa o nome da função. Utiliza-se qualquer nome para uma função, desde que esteja de acordo com as regras para as variáveis descritas no Capítulo 3, seção 3.7.
- (*par* 1, *par* 2, . . . , *par N*): representa uma lista de parâmetros sobre os quais a função vai operar. É com esses valores que ela vai calcular um resultado final a ser retornado. Pode-se escrever uma função sem parâmetro algum; neste caso, não se utilizam parênteses. Cada parâmetro pode ser de qualquer tipo (inteiro, real, lógico, caractere, cadeia de caracteres, vetor ou matriz).
- *nome_ func* ← *valor_ retorno*: esta expressão é obrigatória para funções e indica que esse fluxograma representa uma função. Se a função se chamar *CalcAlgumaCoisa* e for retornar um valor final que está em uma variável *X* da função, essa expressão ficaria: *CalcAlgumaCoisa* ← *X*. O retorno pode ser de qualquer tipo (inteiro, real, lógico, caractere, cadeia de caracteres, vetor ou matriz).

A representação em Portugol de uma função é apresentada, de forma genérica, no Algoritmo 6.6. A palavra reservada **Função** indica que o algoritmo em questão é para ser entendido como uma função e que pode ser invocada como um comando em outros algoritmos. Os demais elementos possuem a mesma explicação apresentada anteriormente para o caso de fluxogramas.

ALGORITMO 6.6 Representação de função em Portugol.

Função *nome_ func*(*par*1, *par*2 . . . , *par N*)
Início
 1. Comandos que implementam a função
 2. *nome_ func* ← valor_retorno
Fim

6.2.2 EXEMPLOS DE FUNÇÕES

Deseja-se escrever uma função que calcule a contribuição para o INSS (a contribuição é calculada segundo a Tabela 6.1).

TABELA 6.1 Tabela de contribuições ao INSS.

TABELA VIGENTE	
Tabela de contribuição dos segurados empregado, empregado doméstico e trabalhador avulso, para pagamento de remuneração a partir de 1º de janeiro de 2017 Portaria Ministerial MF nº 8, de 13 de janeiro de 2017	
Salário de contribuição (R$)	Alíquota para fins de recolhimento ao INSS (%)
até R$ 1.659,38	8,00 %
de R$ 1.659,39 a R$ 2.765,66	9,00 %
de R$ 2.765,67 até R$ 5.531,31	11,00 %
acima de R$ 5.531,31	valor fixo de R$ 608,44

A primeira decisão a ser tomada refere-se aos parâmetros da função. Para este exemplo, nota-se que o cálculo da contribuição ao INSS é feito de acordo com o salário do contribuinte. Assim, uma função para calcular a contribuição deve ter um parâmetro: salário (um número real). O retorno da função será um número real que representa o valor da contribuição.

O fluxograma que define essa função é exposto na Figura 6.7 enquanto a representação em Portugol é apresentada no Algoritmo 6.7. Em ambas as representações, o identificador S é o parâmetro dessa função. Ao ser utilizada, deverá ser passado algum valor para S de modo que a função retorne um resultado. Observe que, internamente a essa função, se utiliza a variável C para armazenar de forma temporária o resultado a ser retornado.

Essa função poderia ser utilizada para o cálculo do desconto do **IRRF** (Imposto de Renda Retido na Fonte). Esse cálculo é feito sobre o salário líquido após a dedução da contribuição ao INSS, de acordo com a Tabela 6.2.

TABELA 6.2 Tabela de descontos para o IRRF.

Base de cálculo em R$	Alíquota %	Parcela a deduzir do imposto em R$
Até 1.903,98	–	–
De 1.903,99 até 2.826,65	7,5	142,80
De 2.826,66 até 3.751,05	15	354,80
De 3.751,06 até 4.664,68	22,5	636,13
Acima de 4.664,68	27,5	869,36

Líquido = Bruto-INSS-IR
Líquido = Bruto-INSS-(base*alíquota – parcela)

236 ▪ ALGORITMOS E LÓGICA DE PROGRAMAÇÃO

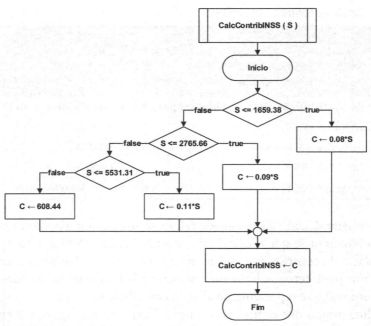

FIGURA 6.7 Fluxograma da função para calcular a contribuição do INSS.

ALGORITMO 6.7 Representação em Portugol da função para calcular a contribuição do INSS.

Função *CalcContribINSS(S)*
Início
1. **Se** $S <= 1659.38$ **Então**
2. $C \leftarrow 0.08 * S$
3. **Senão**
4.   **Se** $S <= 2765.66$ **Então**
5. $C \leftarrow 0.09 * S$
6.   **Senão**
7.   **Se** $S <= 5531.31$ **Então**
8. $C \leftarrow 0.11 * S$
9.   **Senão**
10. $C \leftarrow 608.44$
11.   **Fim Se**
12.   **Fim Se**
13. **Fim Se**
14. *CalcContribINSS* $\leftarrow C$
Fim

Dessa forma, utilizando a função *CalcContribINSS* definida anteriormente, o fluxograma para o cálculo do desconto do IRRF ficaria conforme apresentado na Figura 6.8.

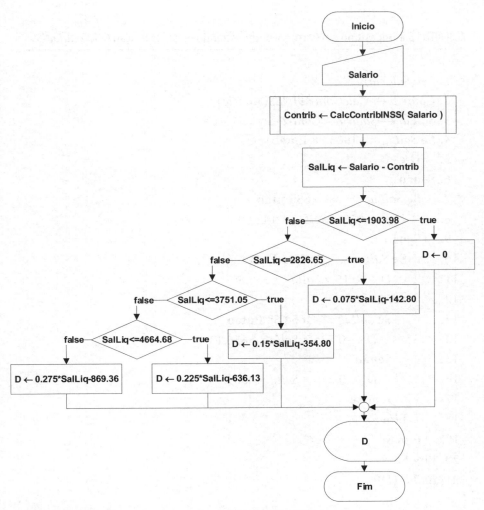

FIGURA 6.8 Fluxograma demonstrando o uso da função *CalcContribINSS*.

O mesmo exemplo, em Portugol, está apresentado no Algoritmo 6.8.

Como o cálculo do IRRF é muito executado em várias situações (folha de pagamento, por exemplo), pode-se criar também uma função que faça esse cálculo. O fluxograma da Figura 6.9 e a representação em Portugol do Algoritmo 6.9 apresentam este conceito. Nota-se que as funções podem executar outras funções!

ALGORITMO 6.8 Algoritmo em Portugol demonstrando o uso da função *CalcContribINSS*.

Início
1. *Ler(Salario)*
2. *Contrib* ← *CalcContribINSS(Salario)*
3. *SalLiq* ← *Salario* – *Contrib*
4. **Se** *SalLiq* <= 1903.98 **Então**
5.   *D* ← 0
6. **Senão**
7.   **Se** *SalLiq* <= 2826.65 **Então**
8.   *D* ← 0.075 * *SalLiq* – 142.80
9.   **Senão**
10.   **Se** *SalLiq* <= 3751.05 **Então**
11.   *D* ← 0.15 * *SalLiq* – 354.80
12.   **Senão**
13.   **Se** *SalLiq* <= 4664.68 **Então**
14.   *D* ← 0.225 * *SalLiq* – 636.13
15.   **Senão**
16.   *D* ← 0.275 * *SalLiq* – 869.36
17.   **Fim Se**
18.   **Fim Se**
19.   **Fim Se**
20. **Fim Se**
21. *Exibir (D)*

Fim

Finalmente, a solução para o cálculo de IRRF pode ser assim simplificada, conforme o fluxograma apresentado na Figura 6.10 e pela representação em Portugol do Algoritmo 6.10.

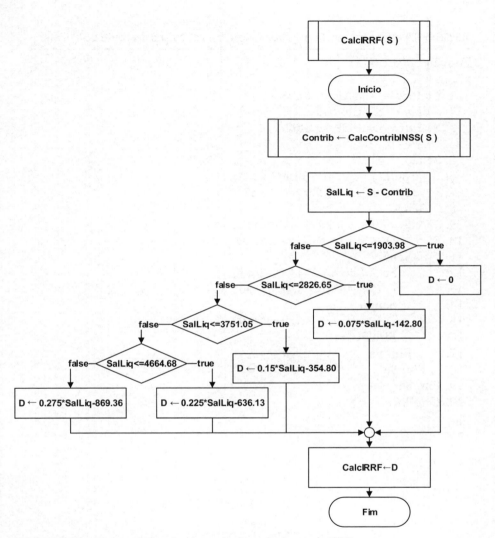

FIGURA 6.9 Fluxograma da função para calcular o desconto do IRRF.

6.2.3 O MECANISMO DE CHAMADA DE FUNÇÕES

Ao executar uma função, ocorre um desvio no fluxo para o diagrama no qual a função está definida. Nesse desvio, executa-se a função, obtém-se um valor de retorno e volta-se para o fluxograma original no comando logo após o ponto em que se executou a função.

ALGORITMO 6.9 Algoritmo em Portugol da função para calcular o desconto do IRRF.

Função *CalcIRRF(S)*
Início
1. *Contrib* ← *CalcContribINSS(S)*
2. *SalLiq* ← *S – Contrib*
3. **Se** *SalLiq* <= 1499.15 **Então**
4.   *D* ← 0
5. **Senão**
6.   **Se** *SalLiq* <= 2246.75 **Então**
7.   *D* ← 0.075 * *SalLiq* – 112.43
8.   **Senão**
9.   **Se** *SalLiq* <= 2995.70 **Então**
10.   *D* ← 0.15 * *SalLiq* – 280.94
11.   **Senão**
12.   **Se** *SalLiq* <= 3743.19 **Então**
13.   *D* ← 0.225 * *SalLiq* – 505.62
14.   **Senão**
15.   *D* ← 0.275 * *SalLiq* – 692.78
16.   **Fim Se**
17.   **Fim Se**
18.   **Fim Se**
19. **Fim Se**
20. *CalcIRRF* ← *D*
Fim

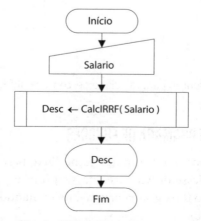

FIGURA 6.10 Fluxograma simplificado para o cálculo do IRRF.

Cap. 6 TÉCNICAS PARA A SOLUÇÃO DE PROBLEMAS ▪ 241

ALGORITMO 6.10 Algoritmo em Portugol simplificado para o cálculo do IRRF

Início
1. Ler(Salario)
2. Desc ← CalcIRRF(Salario)
3. Exibir(Desc)

Fim

Esse mecanismo de chamada pode ser entendido mais facilmente tomando como exemplo a execução do último fluxograma apresentado, conforme ilustrado pela Figura 6.11.

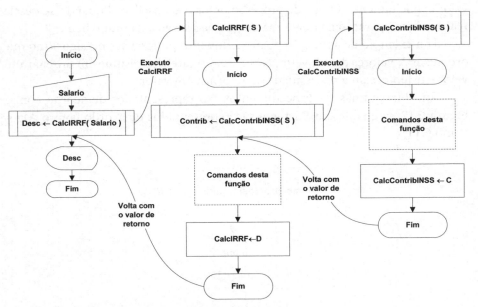

FIGURA 6.11 O mecanismo de chamada de uma função.

Observações:
1. Ao executar uma função, o seu parâmetro recebe implicitamente o valor de uma constante ou variável que substitui seu lugar. Quando se escreve uma chamada a uma função como *Desc ← CalcIRRF(Salario)*, entende-se que, se o valor digitado para a variável *Salario* for 10, ocorrerá implici-

tamente $S \leftarrow Salario$ e então a função vai executar os cálculos sobre seu parâmetro S, que contêm o valor de *Salario*. A esse tipo de passagem de parâmetro dá-se o nome de "passagem de parâmetro por valor" ou, simplesmente, "parâmetro por valor" ou, ainda, "passagem por valor";
2. Não há problema algum em reutilizar nomes de variáveis e parâmetros idênticos em funções diferentes. Reconheça que a função "protege" suas variáveis e parâmetros de outras de mesmo nome existentes em funções externas a ela;
3. Uma função retorna sempre um único valor.

6.2.4 PROCEDIMENTOS

Procedimentos são sub-rotinas que, ao contrário de funções, não retornam um valor explicitamente. O uso de procedimentos é aconselhável quando se deseja realizar uma operação na qual uma função não se encaixa muito bem.

Um exemplo de aplicação de procedimento poderia ser no algoritmo que ordene os *N* valores de um vetor. Neste caso, a tarefa se resume em ordenar um vetor existente, sem a necessidade de retornar um valor.

Em fluxogramas, os procedimentos são representados de acordo com a Figura 6.12, enquanto em Portugol são representados de acordo com o Algoritmo 6.11:

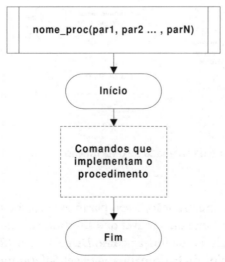

FIGURA 6.12   Representação de procedimento com fluxograma.

> **ALGORITMO 6.11** Representação de procedimento em Portugol.
>
> **Procedimento** *nome_proc* (*par1*, *par2* ..., *par N*)
> **Início**
>   1. Comandos que implementam o procedimento
> **Fim**

Os elementos apresentados para ambas as representações são:

- *nome_ proc*: representa o nome do procedimento. Utiliza-se qualquer nome para um procedimento desde que esteja de acordo com as regras para variáveis vistas no Capítulo 3.
- (*par1*, *par2*, ..., *par N*): representa uma lista de parâmetros que o procedimento vai receber. Pode-se escrever um procedimento sem parâmetro algum; neste caso, não se utilizam parênteses. Cada parâmetro pode ser de qualquer tipo (inteiro, real, lógico, caractere, cadeia de caracteres, vetor ou matriz).
- Como um procedimento não retorna os valores, não existe o bloco indicando esse retorno.

Como exemplo de procedimento, considere um para realizar a leitura de N valores de um vetor qualquer, representado pelo parâmetro V, apresentado no fluxograma na Figura 6.13 e em Portugol pelo Algoritmo 6.12.

Esse procedimento poderia ser utilizado em outro fluxograma que necessite ler os valores para um vetor específico com tamanho arbitrário, como ilustrado pelo fluxograma da Figura 6.14 e representação em Portugol do Algoritmo 6.13.

Algumas observações:

1. Ao executar um procedimento, seu parâmetro recebe implicitamente o valor de uma constante ou variável que substitui seu lugar (como em funções). Esse tipo de parâmetro recebe o nome "parâmetro por valor" (veja o item 6.2.3);
2. Não há problema algum em reutilizar nomes de variáveis e parâmetros idênticos em procedimentos diferentes. Reconheça que o procedimento "protege" suas variáveis e parâmetros de outras de mesmo nome existentes em procedimentos externos a ele. Nesse tipo de passagem por valor, se o conteúdo do parâmetro for alterado por alguma expressão dentro da sub-rotina, ele não será enviado para quem o chamou. Assim, pode-se dizer que esse tipo de parâmetro tem a característica de ser um "parâmetro de entrada", ou seja, apenas recebendo e nunca enviando seu conteúdo;

3. Presume-se que os parâmetros tanto de funções quanto de procedimentos possam ser alterados internamente. Veja o fluxograma e o algoritmo em Portugol do exemplo anterior;

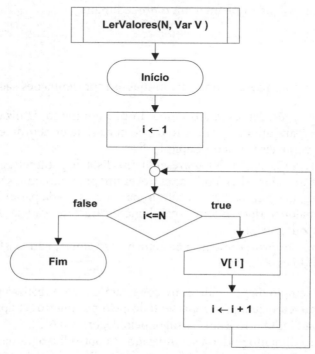

FIGURA 6.13 Fluxograma de um procedimento para realizar a leitura de um vetor.

ALGORITMO 6.12 Algoritmo em Portugol de um procedimento para realizar a leitura de um vetor.

Procedimento *Ler Valores*(N, **var** V)
Início
1. $i \leftarrow 1$
2. **Enquanto** $i <= N$ **Faça**
3.   *Ler*(V [i])
4. $i \leftarrow i + 1$
5. **Fim Enquanto**
Fim

Cap. 6 TÉCNICAS PARA A SOLUÇÃO DE PROBLEMAS ▪ **245**

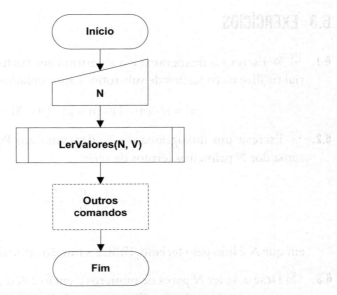

FIGURA 6.14 Fluxograma apresentando a utilização de um procedimento.

ALGORITMO 6.13 Algoritmo em Portugol apresentando a utilização de um procedimento

Início
1. Ler(N)
2. LerValores(N, V)
3. ... outros comandos ...
Fim

---

4. Na Figura 6.14, o parâmetro V sofre a passagem por referência. Nesse tipo de passagem é enviado ao parâmetro o endereço de memória onde a variável foi criada. Por meio desta característica, se o valor do parâmetro for alterado, também sofrerá alteração a variável referenciada pelo parâmetro. Assim, pode-se dizer que esse parâmetro tem a característica de ser um "parâmetro de entrada e saída", ou seja, recebe e envia o seu conteúdo;
5. Para diferenciar os dois tipos de passagem por parâmetro, adota-se neste livro a palavra **var** no cabeçalho da sub-rotina antes do parâmetro que sofre a passagem por referência (veja a Figura 6.13);
6. Já a chamada da sub-rotina continua sendo feita da maneira usual, ou seja, sem nenhuma alteração (veja a Figura 6.14).

6.3 EXERCÍCIOS

6.1. ☼ ✎ Escreva o fluxograma e o algoritmo em Portugol para a função fatorial (utilize os conceitos de sub-rotinas apresentados). Lembrando:

$$n! = n \cdot (n-1) \cdot (n-2) \cdot (n-3) \cdot \ldots \cdot 1$$

6.2. ☼ Escreva um fluxograma e um algoritmo em Portugol para calcular a soma dos N primeiros termos da série:

$$S = \frac{1!}{2!} + \frac{3!}{4!} + \frac{5!}{6!} + \ldots$$

em que N é lido pelo teclado. Utilize a função fatorial escrita anteriormente.

6.3. ☻ Deseja-se ler N pares de números e então calcular o produto dos maiores números em cada par. Como se procederia na solução desse problema empregando a técnica *top-down*? Devem ser definidas as funções e os procedimentos necessários para a solução. Resolva esta questão com fluxogramas e algoritmos em Portugol.

6.4. ☻ Utilizando a técnica *top-down*, como poderia ser implementada uma calculadora que realizasse as seguintes operações, guiadas por um conjunto de opções exibidas em uma tela, conforme a figura a seguir:

```
              CALCULADORA

              0. SOMA
              1. SUBTRAÇÃO
              2. MULTIPLICAÇÃO
              3. DIVISÃO
              4. SENO
              5. COSSENO
              6. TANGENTE
              7. MÓDULO
              8. POTENCIAÇÃO
              9. EXPONENCIAL
              10. FATORIAL
              11. LOGARITMO NEPERIANO
              12. LOGARITMO NA BASE DEZ
Entre com uma opção:
```

Ao ser digitada a opção, deve-se realizar a operação que foi determinada, mas deve-se obedecer às condições apresentadas a seguir:

a) Ao ser digitada a opção, deve-se se certificar de que esta é válida, ou seja, pertence ao intervalo de 0 a 12.
b) Para soma, subtração, multiplicação e divisão, dois números serão digitados para a realização da operação. Deve-se verificar ainda que, na divisão, o denominador não poderá ser zero.
c) No cálculo do seno, cosseno e tangente, o valor que será digitado estará em graus, no entanto, para a realização da operação, o ângulo deverá ser transformado para radianos. Deve-se certificar de que, no cálculo da tangente, o argumento da função não poderá ser múltiplo de 90°.
d) No cálculo da potenciação, o programa deverá tratar o caso de utilizar números negativos na base.
e) Na opção fatorial, o cálculo só pode ser realizado para números inteiros, maiores ou iguais a zero.
f) No cálculo do logaritmo neperiano e na base dez, deve-se verificar se o argumento é um valor maior que zero.
g) Depois do cálculo de cada função da calculadora, o programa emitirá uma mensagem perguntando se o usuário deseja continuar com outro cálculo ou não. Em caso afirmativo, o menu principal será reapresentado e a nova opção escolhida; se não, o programa será encerrado.

Implemente esta calculadora com fluxograma e Portugol.

6.5. ☼ Elabore um fluxograma e um algoritmo em Portugol de uma função denominada *InverteCadeia*, que, dada uma cadeia de caracteres S, vai retornar o inverso dessa cadeia. Exemplo: se S ='banana', então *InverteCadeia*(S) ='ananab'. Dica: utilize as funções de manipulação de caracteres vistas no Capítulo 3.

6.6. ☼ Utilizando a função anterior, escreva um fluxograma e um algoritmo em Portugol que leiam uma cadeia de caracteres e exibam uma mensagem dizendo se ela é ou não um palíndromo. Lembrando: uma cadeia de caracteres é um palíndromo se possuir o mesmo significado se for lida da esquerda para a direita ou vice-versa.

6.7. ☼ Escreva um fluxograma e um algoritmo em Portugol para a função que calcula a média aritmética de um vetor de tamanho N. A média aritmética é assim definida:

$$\overline{x} = \frac{\sum_{i=1}^{n} x_i}{n}$$

6.8. ☺ ✎ Escreva um fluxograma e um algoritmo em Portugol para a função que calcula o desvio padrão de um vetor de tamanho N. O desvio padrão é, então, definido:

$$\overline{x} = \frac{\sum_{i=1}^{n} x_i}{n}$$

$$DM = \frac{\sum_{i=1}^{n} |x_i - \overline{x}|}{n}$$

6.9. ☺ ✎ As coordenadas de um vetor (da Geometria Analítica) no espaço R^3 podem ser representadas dentro de um vetor do tipo real de tamanho 3 assim: $V[1] = x$, $V[2] = y$, $V[3] = z$. Escreva fluxogramas e algoritmos em Portugol que implementem as seguintes operações:
   a) procedimento para armazenar três valores reais (x, y, z) dentro de um vetor;
   b) procedimento que some dois vetores passados como parâmetros e escreva o resultado em um terceiro vetor;
   c) função que retorne o produto escalar entre dois vetores, passados como parâmetros;
   d) função que retorne o módulo de um vetor passado como parâmetro.

6.10. ☼ Elabore com fluxograma e algoritmo em Portugol o procedimento *TROCA*, que inverterá o valor de seus dois parâmetros x e y.

6.11. ☺ Com o procedimento *TROCA* anteriormente definido, escreva o fluxograma e o algoritmo em Portugol que vão representar o procedimento de ordenação crescente de um vetor de tamanho N pelo "Método das Trocas", descrito no Algoritmo 6.14.

ALGORITMO 6.14 Algoritmo de ordenação por trocas.

Início
1. $i \leftarrow i$
2. **Enquanto** $i <= N - 1$ **Faça**
3. $\quad j \leftarrow N$
4. $\quad$ **Enquanto** $j > i$ **Faça**
5. $\quad\quad$ **Se** $VETOR[j - 1] > VETOR[j]$ **Então**
6. $\quad\quad\quad TROCA(VETOR[j], VETOR[j - 1])$
7. $\quad\quad$ **Fim Se**
8. $\quad\quad j \leftarrow j - 1$
9. $\quad$ **Fim Enquanto**
10. $\quad i \leftarrow i + 1$
11. **Fim Enquanto**

Fim

A seguir, verifique a correção do algoritmo simulando o fluxograma/algoritmo em Portugol para os seguintes vetores:

- vetor $A = 4$, com $N = 1$;
- vetor $B = 3, 7, -1$, com $N = 3$;
- vetor $C = 0, -1, 9, 3, -1$, com $N = 5$.

6.12. ☼ Construa um fluxograma e um algoritmo em Portugol que leiam dois números inteiros (A e B), calculando as seguintes expressões: $X = A!$, $Y = 2A!$ e $Z = (2A)!$. O cálculo do fatorial deve estar escrito em uma sub-rotina.

6.13. ☙ Seja a função abaixo:

$$F(X) = X^3 + 3X^2$$

Elabore um fluxograma e um algoritmo em Portugol que façam a leitura de três valores (A, H e N) e a seguir calculem a expressão $P = F(A) + F(A + H) + F(A + 2H) + \ldots + F(A + NH)$, definida pela aplicação de uma função.

6.4 EXERCÍCIOS RESOLVIDOS
FLUXOGRAMAS

6.1. ☼

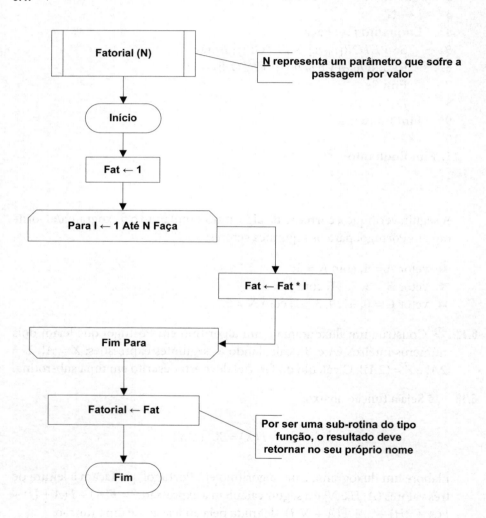

6.8.

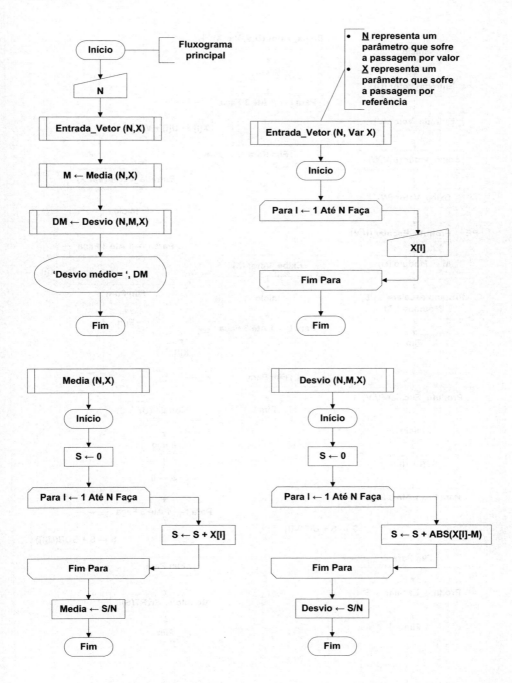

6.9.

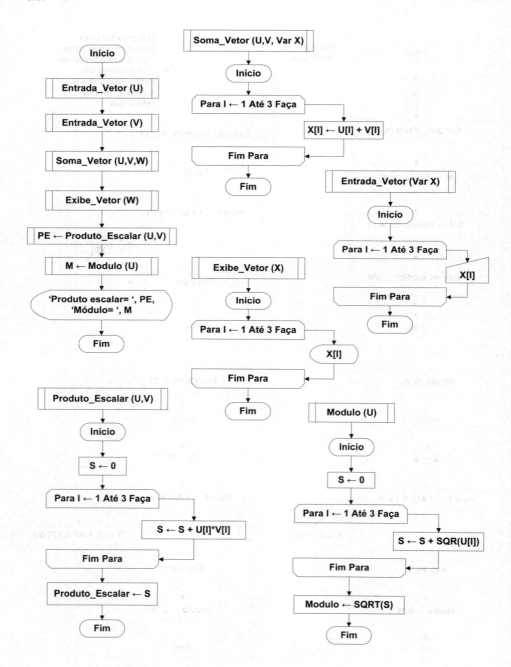

PORTUGOL

6.1. ☼

Função *Fatorial(N)*
Início
1. **Fat ← 1**
2. **Para** *i* ← 1 **Até** *N* **Faça**
3.   *Fat ← Fat * i*
4. **Fim Para**
5. *Fatorial ← Fat*
Fim

6.8. ⛅

Início
1. *Ler(N)*
2. *Entrada_Vetor (N, X)*
3. *M ← Media (N, X)*
4. *DM ← Desvio (N, M, X)*
5. *Exibir*('Desvio médio=', *DM*)
Fim

Procedimento *Entrada_Vetor (N,* **var** *V)*
Início
1. **Para** *i* ← 1 **Até** *N* **Faça**
2.   *Ler(V [i])*
3. **Fim Para**
Fim

Função *Media*(N, X)
Início
1. S ← 0
2. **Para** i ← 1 **Até** N **Faça**
3.   S ← S + X [i]
4. **Fim Para**
5. Media ← S/N

Fim

Função *Desvio*(N, M, X)
Início
1. S ← 0
2. **Para** i ← 1 **Até** N **Faça**
3.   S ← S + ABS (X [i] – M)
4. **Fim Para**
5. Desvio ← S/N

Fim

6.9.

Início
1. *Entrada_Vetor* (U)
2. *Entrada_Vetor* (V)
3. *Soma_Vetor* (U, V, W)
4. *Exibe_Vetor* (W)
5. PE ← *Produto_Escalar* (U, V)
6. M ← *Modulo* (U)
7. *Exibir* ('Produto escalar=', PE, 'Modulo=', M)

Fim

Procedimento *Entrada_Vetor*(**var** X)
Início
1. **Para** i ← 1 **Até** 3 **Faça**
2.   *Ler*(X[i])
3. **Fim Para**
Fim

Procedimento *Soma_Vetor*(U, V, **var** W)
Início
1. **Para** i ← 1 **Até** 3 **Faça**
2.   X[i] ← U[i] + V[i]
3. **Fim Para**
Fim

Procedimento *Exibe_Vetor*(X)
Início
1. **Para** i ← 1 **Até** 3 **Faça**
2.   *Exibir*(X[i])
3. **Fim Para**
Fim

Função *Produto_Escalar*(U, V)
Início
1. S ← 0
2. **Para** i ← 1 **Até** 3 **Faça**
3.   S ← S + U[i] * V[i]
4. **Fim Para**
5. *Produto_Escalar* ← S
Fim

Função *Modulo(U)*
Início
1. *S* ← 0
2. **Para** *i* ← 1 **Até 3 Faça**
3.   *S* ← *S* + *sqr*(*U*[*i*])
4. **Fim Para**
5. *Modulo* ← *sqrt*(*S*)
Fim

APÊNDICES

APPENDICES

APÊNDICE A
NORMA ISO 5807/1985

A norma ISO 5807/1985 classifica os símbolos, de acordo com sua utilização, em:

1. **Símbolos básicos**: utilizados quando a natureza precisa ou forma por exemplo, do processo ou da mídia dos dados, são desconhecidos ou, ainda, não é necessário discriminar a mídia atual.
2. **Símbolos específicos**: utilizados quando a natureza precisa do processo ou da mídia dos dados é conhecida ou deve ser explicitada.

A partir dessa classificação, a norma explicita sua aplicação a:

1. *Data Flowcharts* (fluxogramas de dados): representação do caminho dos dados na solução do problema e definição dos passos de processamento.
2. *Program Flowcharts* (fluxogramas de programas): representação da sequência de operações em um programa.
3. *System Flowcharts* (fluxogramas de sistemas): representação do controle das operações e do fluxo dos dados de um sistema.
4. *Program Network Chart* (diagrama de programa em rede): representação dos caminhos de ativação dos programas e das iterações com os dados relacionados.
5. *System Resources Chart* (diagrama de recursos do sistema): representação das configurações das unidades de dados e unidades de processos adaptáveis para a solução de um problema ou de um conjunto de problemas.

A.1 OS SÍMBOLOS

Os símbolos são agrupados em quatro categorias: dados, processos, linhas e especiais. Dentro de cada categoria, são divididos em básicos e específicos, conforme mencionado anteriormente. Observe que, apesar de a norma ser de 1985, ela está atualizada em termos da tecnologia hoje em uso.

A aplicação é genérica, buscando o aproveitamento do enorme potencial de comunicação dos símbolos visuais em substituição aos longos textos descritivos. Essa é a principal razão do uso de fluxogramas na engenharia. A noção das etapas de processamento, do que consistem as entradas e saídas e todo o percurso de material, dados, produtos e o que mais for necessário avaliar, está claramente mostrada e pode ser facilmente visualizada. Além disso, a aplicabilidade assume o âmbito geral, não se restringindo apenas ao meio de visualização de lógica de programação. A adaptação dos símbolos às atividades industriais e comerciais é evidente, razão pela qual, coerentemente, é adotada na representação de processos de qualificação ISO 9000.

A estrutura de símbolos básicos e símbolos específicos permite a análise e a representação do mesmo sistema de formas distintas, possibilitando, assim, diferentes níveis da análise. É também possível dessa maneira trabalhar formas genéricas que se adaptem a novas tecnologias. O ensino/aprendizado da arte da programação de computadores sai fortalecido por uma representação que pode ser adaptada a qualquer linguagem de programação.

A.1.1 SÍMBOLOS RELATIVOS A DADOS

TABELA A.1 Tabela de símbolos da ISO 5807 relativos a dados.

Símbolo	Nome Classificação	Utilidade
	Dados *Básico*	Representar os dados, tanto de entrada como de saída, qualquer que seja a mídia utilizada.
	Dados armazenados *Básico*	Representar os dados armazenados de forma ajustável para processamento com mídia não específica.
	Armazenamento interno *Específico*	Representar os dados armazenados internamente.
	Acesso a armazenamento sequencial *Específico*	Representar os dados armazenados, de acesso somente sequencial, cuja mídia seja, por exemplo, fita magnética, fita cassete, *tape cartdrige* etc.
	Acesso a armazenamento direto *Específico*	Representar os dados acessíveis de forma direta ("aleatória"), cuja mídia é, por exemplo, disco magnético, "*winchester*", disco flexível etc.
	Documento *Específico*	Representar os dados legíveis por seres humanos, cuja mídia seja, por exemplo, saída impressa, um documento "escaneado", microfilme, formulário impresso de dados etc.
	Entrada manual *Específico*	Representar os dados, de qualquer tipo de mídia, que sejam inseridos manualmente em tempo de processamento, por exemplo, teclado *on-line*, mouse, chaveamento, caneta óptica *light pen*, leitor de código de barras etc.
	Cartão *Específico*	Representar os dados cuja mídia seja cartão perfurado, magnéticos, de marcas sensíveis etc.
	Fita perfurada *Específico*	Representar os dados cuja mídia seja fita perfurada.
	Exibição *Específico*	Representar os dados cuja mídia seja de qualquer tipo na qual a informação seja mostrada para uso humano, tais como monitores de vídeo, indicadores *on-line*, mostradores etc.

A.1.2 SÍMBOLOS RELATIVOS A PROCESSOS

Os símbolos de processos são apresentados a seguir. Dentre os símbolos de processos, surgem modificações em relação às normas de 1971 da ANSI. Deve-se notar aqui uma forma especial de representar os laços de repetição, tendo-se em vista as estruturas do tipo laço controlado "FOR... TO... DO" das linguagens de programação. É também possibilitada uma representação para a estrutura "CASE... OF" do Pascal ou a "SWITCH" da linguagem C, a partir da estrutura condicional normal.

Essas modificações são as grandes responsáveis pela adaptação às linguagens estruturadas. A existência de símbolo para a representação de módulos e de sub-rotinas permite perfeitamente a criação e representação de programas com a adoção da metodologia "TOP-DOWN" ou "BOTTOM-UP", derrubando por terra a crença contrária.

TABELA A.2 Tabela de símbolos da ISO 5807 relativos a processos.

Símbolo	Nome Classificação	Utilidade
	Processo *Básico*	Representar qualquer tipo de processo, processamento de função, por exemplo, executando uma operação definida ou grupo de operações, resultando na mudança de valor, forma ou localização de uma informação, ou determinação de uma, entre várias direções de fluxo, a ser seguida.
	Processo pré-especificado *Específico*	Representar um processo nomeado, consistindo em um ou mais passos de programa que são especificados em outro local, como, por exemplo, uma sub-rotina ou módulo de programa.
	Operação manual *Específico*	Representar uma operação manual, ou seja, qualquer processo executado por um ser humano.
	Preparação *Específico*	Representar modificação de uma instrução ou grupo de instruções, de forma a afetar a atividade subsequente, por exemplo, configurar uma chave, alavanca, modificar o indexador de um registro ou preparar uma rotina.
	Decisão *Específico*	Representar uma decisão ou um desvio tendo uma entrada, porém pode ter uma série de saídas alternativas, uma única das quais deverá ser ativada como consequência da avaliação das condições internas ao símbolo. O resultado apropriado de cada saída deverá ser escrito adjacente à linha, representando o caminho respectivo.
	Modo paralelo *Específico*	Representar processamento paralelo ou a sincronização de duas ou mais operações paralelas.
	Limitador de laço repetitivo *Específico*	Início e final de laço (*loop*) controlado. Deve existir em conjunto com o símbolo que mostra o final do laço. As condições de inicialização, incremento, terminação etc. devem aparecer dentro do símbolo respectivo, de acordo com a posição da operação de teste.

A.1.3 SÍMBOLOS DE LINHAS

TABELA A.3 Tabela de símbolos da ISO 5807 relativos a linhas.

Símbolo	Nome Classificação	Utilidade
———	*Linha básica* Básico	Representar o fluxo dos dados ou controles. Podem ser utilizadas pontas de seta, sólidas ou abertas, na extremidade para indicar a direção do fluxo onde é necessário ou para enfatizá-lo e facilitar a legibilidade.
▷	*Transferência de controle* Específico	Representar a transferência de controle de um processo para outro, algumas vezes com oportunidade de retorno direto para ativação de processos, após estes completarem suas ações. O tipo de transferência pode ser nomeado no símbolo, por exemplo, chamada (*call*), evento etc.
⌐⌐⌐	*Link de comunicação* Específico	Representar a transferência de dados por um "link" de telecomunicações.
- - - - - - -	*Linha tracejada* Específico	Representar um relacionamento alternativo entre dois ou mais símbolos. Também é utilizado para delimitar uma área de anotações.

A.1.4 SÍMBOLOS ESPECIAIS

TABELA A.4 Tabela de símbolos especiais da ISO 5807.

Símbolo	Nome	Utilidade
○	*Conector*	Representar a saída para, ou a entrada de outra parte do mesmo fluxograma, usada para quebrar uma linha e continuá-la em outra parte. Os símbolos de conexão devem possuir o mesmo identificador (único) interno.
⌐⌐	*Terminador*	Representar a saída para, ou a entrada do ambiente externo, por exemplo início ou final de programa, uso externo e origem ou destino de dados etc.
⊣	*Anotação*	Representar o adicionamento de comentários para esclarecimento ou explanação de observações. Devem ser utilizadas linhas tracejadas ligando ou cercando o(s) símbolo(s) respectivo(s), próximo(s) e ao seu redor.
—•••—	*Elipse*	Representar a omissão de um ou mais símbolos em que nem o tipo, nem o número de símbolos estão definidos. Esse símbolo é utilizado entre linhas e se aplica ao caso de diagramas, mostrando soluções gerais com um número aberto de repetições.

Convenciona-se, ainda, que os símbolos tenham por finalidade representar e identificar graficamente a função à qual eles representam, independentemente do texto interno. Aconselha-se que o espaçamento entre os símbolos seja o mais uniforme possível, assim como suas dimensões, e que se evite o uso de linhas longas e alterações dos ângulos dos formatos. Os símbolos podem ser desenhados segundo qualquer orientação, porém, preferencialmente na horizontal.

A.1.5 TEXTOS INTERNOS

Os textos internos devem ser os menores possíveis, devendo ser lidos da esquerda para a direita, de cima para baixo, independentemente da orientação das linhas de fluxo (veja figura a seguir). Quando a quantidade de texto for muito grande para ser comportada pelo símbolo, um símbolo de anotação pode ser utilizado para completá-lo. Quando a anotação atrapalha o fluxo do diagrama, o texto pode ser colocado em um formulário separado com referência cruzada no diagrama.

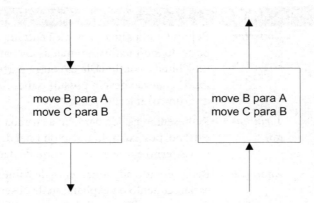

A norma convenciona, ainda, a possibilidade de utilizar identificadores e descritores dos símbolos para serem referenciados em outras partes da documentação, detalhamento de processos ou de dados, convenções de linhas de conexão, do uso dos conectores e representação de múltiplas saídas. Veja os casos a seguir:

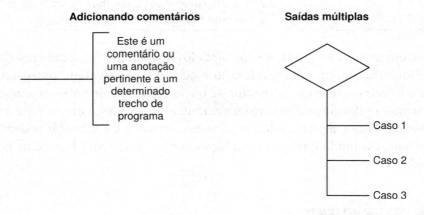

APÊNDICE B
OPERADORES E FUNÇÕES PREDEFINIDAS

A norma ISO 5807/1985 nada especifica sobre a notação a ser utilizada nos símbolos. Os símbolos adotados são baseados no livro *The Art of Computing Programming – Fundamental Algorithms*, de Donald Knuth.

B.1 OPERADORES MATEMÁTICOS

TABELA B.1 Operadores matemáticos.

Símbolo	Significado
←	Atribuição de valores
<	Operador relacional MENOR QUE
>	Operador relacional MAIOR QUE
<=	Operador relacional MENOR OU IGUAL A
>=	Operador relacional MAIOR OU IGUAL A
=	Operador relacional IGUAL A
AND	Conector de INTERSEÇÃO
OR	Conector de UNIÃO
NOT	Conector de NEGAÇÃO
true	Valor booleano verdadeiro
false	Valor booleano falso
+, –, *, /	Operadores aritméticos de adição, subtração, multiplicação e divisão
[ ]	Marcação de índices de variáveis indexadas
( )	Prioridade aritmética na expressão
DIV	Operador de divisão inteira
MOD	Operador de resto da divisão inteira

B.2 FUNÇÕES PREDEFINIDAS

Consideram-se válidas também as seguintes funções e procedimentos predefinidos, comuns a várias linguagens de programação de alto nível:

TABELA B.2 Funções predefinidas.

Função	Utilidade
$ln(x)$	Retorna o valor do logaritmo neperiano de x
$exp(x)$	Retorna o valor de e^x
$int(x)$	Retorna a parte inteira de x (real) como número real
$frac(x)$	Retorna a parte decimal de x (real) como número real
$trunc(x)$	Retorna a parte inteira de x (real) como número inteiro
$round(x)$	Arredonda para o próximo inteiro o valor de x real
$sqr(x)$	Retorna o quadrado de x (real)
$sqrt(x)$	Retorna o valor da raiz quadrada de x (real)
$sin(x)$	Retorna o valor do seno de x, x medido em radianos
$cos(x)$	Retorna o valor do cosseno de x, x medido em radianos
$arctan(x)$	Retorna o valor do arco, em radianos, cuja tangente vale x
$concat(s1, s2)$	Retorna uma cadeia de caracteres unindo $s2$ ao final de $s1$
$length(s)$	Retorna o número de caracteres que compõem a cadeia s
$pos(s1, s2)$	Retorna o valor da posição na qual começa a cadeia $s1$ na cadeia $s2$
$copy(s, p, n)$	Retorna nova cadeia de caracteres com n elementos de s a partir da posição p
$insert(s1, s2, p)$	Retorna nova cadeia $s2$, com $s1$ inserida a partir da posição p

As expressões que permitem calcular os valores que não fazem parte dos predefinidos são obtidas com o uso das funções predefinidas. Alguns exemplos são descritos na Tabela B.3.

TABELA B.3 Expressões derivadas de funções predefinidas.

Função	Expressão analítica	Forma linear
Tangente de x	$tan(x) \leftarrow \dfrac{sin(x)}{cos(x)}$	$tan \leftarrow sin(x)/cos(x)$
Cotangente de x	$cotan(x) \leftarrow \dfrac{cos(x)}{sin(x)}$	$cotan \leftarrow cos(x)/sin(x)$
Secante de x	$sec(x) \leftarrow \dfrac{1}{cos(x)}$	$sec \leftarrow 1/cos(x)$
Cossecante de x	$cosec(x) \leftarrow \dfrac{1}{sin(x)}$	$cosec \leftarrow 1/sin(x)$
Arco cujo seno vale x	$arcsin(x) \leftarrow arctan\left(\dfrac{x}{\sqrt{1-x^2}}\right)$	$arcsin \leftarrow arctan(x/sqrt(1 - sqr(x)))$
Arco cujo cosseno vale x	$arccos(x) \leftarrow arctan\left(\dfrac{\sqrt{1-x^2}}{x}\right)$	$arccos \leftarrow arctan(sqrt(1 - sqr(x))/x)$
A elevado a B	$Z \leftarrow A^B = e^{B \cdot ln(A)}$	$Z \leftarrow exp(B * ln(A))$

A adoção dessa notação para a área de informática deve satisfazer à maior parte dos usuários de computadores, uma vez que é bastante próxima da maioria das linguagens mais atuais.

REFERÊNCIAS BIBLIOGRÁFICAS

BALL, R.; COXETER, H. S. M. *Mathematical recreations and essays.* Nova York: Dover Publications, 1987.

BÖHM, C.; JACOPINI, G. Flow diagrams, turing machines and languages with only two formation rules. *Comunications of the ACM,* v. 9, n. 5, p. 366–71, maio 1966.

BOYER, C. B. *História da matemática.* São Paulo: Edgard Blücher, 1974.

CLESSA, J. J. *Math and logic puzzles for PC enthusiasts.* Nova York: Dover Publications, 1996.

DAVIS, H. T. *Tópicos de história da matemática para uso em sala de aula:* computação. São Paulo: Atual, 1995.

GONICK, L. *Introdução ilustrada à computação.* São Paulo: Harbra, 1984.

HAREL, D. *Algorithmics: the spirit of computing.* Workingham, Inglaterra: Addison-Wesley, 1987.

HAYES, J. P. *Computer architecture and organization.* 3. ed. Nova York: McGraw-Hill, 1998. (Computer Science Series).

KNUTH, D. E. *Fundamental algorithms.* Reading, Massachusetts: Addison-Wesley, 1972. (The Art of Computer Programming, v. 1).

MICHALEWICZ, Z.; FOGEL, D. B. *How to solve it: modern heuristics.* Berlim: Springer-Verlag, 2000.

PFLEEGER, S. L. *Software engineering: theory and practice*. 2. ed. Upper Saddle River, New Jersey: Prentice Hall, 2001.

POHL, I.; SHAW, A. C. *The nature of computation: an introduction to computer science*. Rockville, Maryland: Computer Science Press, 1981. (Computer Software Engineering Series).

POLYA, G. *How to solve it: a new aspect of mathematical method*. 2. ed. Princeton, New Jersey: Princeton University Press, 1985.

TANENBAUM, A. S. *Structured computer organization*. 4. ed. Upper Saddle River, New Jersey: Prentice Hall, 1999.

TREMBLAY, J.-P.; BUNT, R. B. *An introduction to computer science: an algorithmic approach*. Nova York: McGraw-Hill, 1979.

WEINBERG, G. M. *The psychology of computer programming*. Nova York: Van Nostrand Reinhold, 1971.

WIRTH, N. *Programação sistemática em Pascal*. 2. ed. Rio de Janeiro: Campus, 1982.

LISTA DE CRÉDITO DAS FIGURAS

Figs. 1.1, 1.2 e 1.3: Eduardo Borges

Fig. 2.2: Vera Tretyakova/Shutterstock.

Fig. 2.4: The Granger Collection/Fotoarena.

Fig. 2.6: J-L Charmet/Science Photo Library/SPL/Latinstock.

Fig. 2.7: Science Photo Library/SPL/Latinstock.

Fig. 2.8: The Granger Collection/Fotoarena.

Fig. 2.9: Science Photo Library/SPL/Latinstock.

Fig. 2.10: Interfoto/Fotoarena.

Fig. 2.11: Arquivo da Universidade de Iowa, EUA.

Fig. 2.12: Album/Fotoarena.

Fig. 2.13: Wikimedia Commons.

Fig. 2.14: Los Alamos National Laboratory/Science Photo Library/SPL/Latinstock.

Fig. 2.15: Acervo do Exército dos Estados Unidos da América.

Fig. 2.16: Alan Richards/From the Shelby White and Leon Levy Archives Center, Institute for Advanced Study, Princeton, NJ, USA.

Fig. 2.17: Acervo de Computer Laboratory, University of Cambridge, USA.

Fig. 2.18: Bettmann Archive/Getty Images

Fig. 2.19: Interfoto/Fotoarena.

Fig. 2.20: Keystone-France/Gamma-Rapho/Getty Images.

Fig. 2.21: University Corporation for Atmospheric Research/Science Photo Library/SPL/Latinstock.

Fig. 2.22: Arquivo IBM.

Fig. 2.23: Arquivo IBM.